破茧之战

无罪辩护

朱明勇 总主编

清华大学出版社
北京

内 容 简 介

本书以人民法院的生效判决为准，整理、归纳出较有代表意义的典型案例，侧重辩护技术的阐释和分析，供专业人士及社会公众参考、学习，并以此彰显我国法治建设的成果。将这些经典的案件汇编成集，一方面记录了辩护技术对于实现个案正义的重要性，另一方面也是法治的进步在司法一线最直观的体现。

每一份无罪判决的作出都凝聚了四面八方的力量：当事人、律师、媒体工作者、司法工作者乃至社会公众，他们都为具体案件的公正处理作出了自己的贡献。这些，都是中国法治进程中踏实、有力的脚步。

图书在版编目（CIP）数据

无罪辩护. 破茧之战 / 朱明勇总主编. —北京：清华大学出版社，2022.4（2023.10重印）
ISBN 978-7-302-59800-8

Ⅰ.①无… Ⅱ.①朱… Ⅲ.①律师－辩护－案例－中国 Ⅳ.①D926.5

中国版本图书馆CIP数据核字(2022)第001578号

责任编辑：刘　晶
封面设计：徐　超
版式设计：方加青
责任校对：王荣静
责任印制：丛怀宇

出版发行：清华大学出版社
　　　　　网　　　址：http://www.tup.com.cn，http://www.wqbook.com
　　　　　地　　　址：北京清华大学学研大厦A座　　　　邮　　编：100084
　　　　　社 总 机：010-83470000　　　　　　　　　邮　　购：010-62786544
　　　　　投稿与读者服务：010-62776969，c-service@tup.tsinghua.edu.cn
　　　　　质 量 反 馈：010-62772015，zhiliang@tup.tsinghua.edu.cn
印 装 者：三河市东方印刷有限公司
经　　　销：全国新华书店
开　　　本：170mm×240mm　　　印　　张：14　　　字　　数：192千字
版　　　次：2022 年 5 月第 1 版　　　印　　次：2023 年 10 月第 2 次印刷
定　　　价：79.80元

产品编号：095188-01

2019 年，各级人民法院审结一审刑事案件 129.7 万件，判处罪犯 166 万人。依法宣告 337 名公诉案件被告人和 751 名自诉案件被告人无罪。

——摘自《最高人民法院 2019 年工作报告》

序言

2015 年，由中国案例法学研究会、清华大学法学院和清华大学出版社联合发起的无罪辩护经典案例征集活动正式启动。2017 年开始，该活动由中国政法大学刑事辩护研究中心具体承办。该项活动在刑事司法领域形成了一定的影响力，无论是在理论研究还是司法实践方面都有其巨大的贡献。我们将每个年度具有代表性的案例汇编成书，其中 2015 至 2017 三个年度的案例结集分别在清华大学出版社和中国政法大学出版社出版。

本书结集的是 2019 年度的典型无罪辩护案例。本次出版，我们对这些案例均进行了专业点评和分析，从刑事司法理念的高度和刑事司法政策变迁的视角逐一解剖这些案例所具有的独特价值。

这几年恰逢刑事司法改革的重要年份：认罪认罚制度的确立，刑事法律援助机制的成熟，类案检索制度的倡导，庭审实质化司法改革精神的落实都对具体的刑事辩护工作产生了重要影响。

案例研究本就是刑事司法研究的一种重要方法，加之上述措施的叠加效应，使得个案研究的价值和意义更为凸显。

认罪认罚制度确立后的刑事辩护何去何从？法律援助机制与刑事辩护全覆盖的对接，类案检索与同案不同判的实践，庭审实质化与二审不开庭的常态化都是学界热议的话题。新的形势下，刑事辩护的方向该如何调整，程序正义的价值该如何体现也已成为刑事辩护领域不可回避的话题。

高利贷入罪，催收非法债务罪名的增加等一系列刑法修正案内容的实施，的确给刑事辩护工作带来了前所未有的挑战。

比如高利贷催收涉及的系列问题，有的法院认为高利贷可以按照民事纠纷处理，有的法院则按照刑事犯罪处理。在刑事犯罪方面，有的法院判虚假诉讼罪，有的法院判诈骗罪。针对催收问题，有的法院判寻衅滋事罪，有的法院判非法拘禁罪。即便是《刑法修正案（十一）》出台后，各地法院的判决依然差别很大。那么，一个新的问题就自然而然地暴露出来：同案不同判。

对于刑事辩护律师来讲，除了同案不同判，辩护的基本思路确立、具体方案敲定、效果预判以及当事人的认可和接受程度也是常常遇到的难题。

从满足现实需求的角度来讲，我们筛选出来的这些案例，是否具有典型意义就显得尤为重要。也正是基于此，我们尽量保证这些案例可以从各个不同的维度给读者提供一些思考。

刑事辩护事实上是一场智慧与知识的角逐，也是一场权利与权力的博弈，它本身所体现的天然的程序正义价值本不容置疑。但是，不可能每一场辩护都是成功的。从近年来最高人民法院公布的数据来看，每年度公诉案件的无罪判决的比例呈现下降趋势；同时最高人民检察院的报告又体现出不起诉案件的比例出现了较大的上升。这也意味着，无罪辩护的方式发生了变化。

从纯粹学术的角度看，将触角伸向无罪案例研究的学者少之又少，这是一种值得关注的现象。

学术研究要为社会实践提供智力支持。我们不能因为无罪案例比例低的现状而忽略了无罪辩护这个领域。因为我们都知道，无罪推定、疑罪从无这些刑事司法的基本原则和刑事案件被告人、辩护律师的基本权利息息相关。

我们欣喜地看到，这几年来越来越多的律师开始关注刑事辩护，越来越多的刑事辩护律师开始关注无罪辩护，更难能可贵的是一线刑事辩护的法庭上出现了越来越多的高学历、高水平，具有丰富工作经验的律师。他们通过精湛缜密的证据分析、严谨熟练的法律解释、进退有据的辩护策略以及高度负责的敬业精神，不仅在法庭上赢得了案件胜诉的结果，还在法庭之外收获了法律职业共同体的认可。

当然，我们也清醒地看到，在以审判为中心、庭审实质化司法改革背景下，一审庭审形式化、二审庭审书面化的现象在一些地方仍然存在。此外，内审制度、个案请示制度也有泛化的趋势。还有一些司法制度中本已经确立的证人出庭制度、当庭宣判制度等普及力度仍需加强。

在这些成功的无罪辩护的案件中，程序上，几乎每一起案件都有辩护律师在程序上的坚守和努力；实体上，还有一些案件涉及一些模棱两可的罪名，有的是口袋罪，有的是民刑不分，有的则是拔高凑数，还有的是受到了事实、证据之外的因素的影响。

不管从哪个角度来说，个案辩护涉及的更多的是具体的辩护策略和辩护技术。这些策略和技术因辩护律师而异、因案件具体情况而异，也无法完整地体现在体系化的法学教育中。也正因为如此，我们所能想到的是寻找、发现每一个时期、每一个特定阶段中，那些获得无罪结果的案例，并通过对这些具有代表性的案例的深度剖析，总结出一条路径或者一种方法，以此反推出那些藏在案例中的经验、技术，并从中体味程序正义本来的意义。

对我们的司法实践和学术研究而言，这无疑是一项具有深远意义和价值的工作，从案例征集、遴选，到细节剖析，其中的每一步都不容易。这些案例里的人，他们经历的时光与我们同步；这些案例彰显的精神，与时代同步。

通向未来的路，就在我们脚下。

愿正义长存。

是为序。

朱明勇

2022 年 4 月 1 日

目录

001

从省劳模到诈骗犯　"四罪全无"的马拉松诉讼

周金才

035

一次投资三项罪名　两度无罪终获自由

褚中喜　冯　力

057

异地抓捕酿冤狱　律师诈骗案中案

彭逸轩　周子泉

081

十八岁女幼师"零口供"被判猥亵儿童罪

姜丽萍　李照君

104

河南曹红彬伤妻案　17 年沉冤得雪

毛立新　张旭华

124

"报复性起诉"的无罪判决

江南宇　施晓俊

149

"举报红人"被举报重婚、敲诈的背后

朱孝顶　王　煜　徐　昕

183

转让协议引牢狱之灾　经济纠纷成刑事犯罪

陈　宁　路国强

200

正义举报反被控寻衅滋事　3年抗争洗刷冤屈

黄柏瑞

从省劳模到诈骗犯 "四罪全无"的马拉松诉讼

周金才

📽 回顾

2019 年 12 月 24 日，57 岁的满增志收到了山东省高级人民法院作出的无罪裁定书，长达 5 年的刑事指控画上了句号。

1962 年出生的满增志是山东省德州市德城区抬头寺镇满庄村人，也曾是该村的党支部书记。20 世纪 90 年代，他带领全村人办起棉花粗加工小企业。经营五六年后，他将目光转向粮食加工业，于 1997 年成立环泰面粉厂，当年就收回成本，实现盈利。1998 年面粉厂更名为巨嘴鸟工贸有限公司（以下简称巨嘴鸟公司）。

在满增志的带领下，公司发展势头迅猛，很快成为省级重点农业产业化龙头企业，先后荣获"中国放心面粉"信誉品牌、"农业产业化省级重点龙头企业""山东省消费者满意单位"等称号。早在国家禁止面粉中添加增白剂之前，巨嘴鸟面粉就已经停用增白剂很多年。

满增志个人也被授予"山东省粮油企业家""山东省劳动模范""德州市十大杰出青年""民营企业先进个人"等荣誉称号，成为头顶光环的知名企业家。

经营企业的同时，满增志还在家乡做公益。他为村里打深水井、修建下水道、铺柏油路、给老人发放养老金，还带领全体职工为南方雪灾、汶川地震、青海玉树地震积极捐款。

巨嘴鸟公司的经营模式也得到了村民的认可。公司向周边的村民收购小麦，村民可按照市场价直接将小麦卖给公司，也可将小麦交给公司保管，公司发给村民储粮证，村民可凭储粮证随时到公司提面粉或者按市场价将小麦兑换成现金。

转折发生在2014年。

☀ 案件

因经营投资需要，巨嘴鸟公司曾向银行贷款。2014年，因未能及时找到合适的担保公司，银行没有发放贷款，巨嘴鸟公司资金陷入困境，无法及时应对储粮户的集中挤兑。

德州市公安局经济技术开发区分局介入调查，认为巨嘴鸟公司涉嫌合同诈骗，且涉案金额巨大，于2014年10月9日将满增志和他任总经理的妻子安玉玲带走调查，之后两人相继被刑事拘留。同年11月，公司财务主管马宪伟也被刑事拘留。

三人被刑拘的消息不胫而走，开庭前夕，当地流传着满增志将被判无期徒刑的传言。更有甚者，一些官方媒体已经进行了"媒介审判"，提前将满增志定性为"诈骗犯"。

2015年7月8日，德州市人民检察院先以合同诈骗罪对满增志、安玉玲、马宪伟以及巨嘴鸟公司提起公诉。

起诉书指控：满增志、安玉玲、马宪伟明知巨嘴鸟公司资不抵债，仍虚构可以随时结算小麦款的事实，向周边粮农大量收购小麦并发放储粮证。后公司将收购来的小麦加工成面粉进行销售，以销售面粉款偿还银行贷款，造成631户粮农的小麦款不能结算，涉案金额近780万元。也即，巨嘴鸟公司在没有实际履行能力的前提下，与粮农签订小麦存储合同，骗取粮农的小麦，应当以合同诈骗罪追究公司及其法定代表人满增志、总经理安玉玲、财务主管马宪伟的刑事责任。

2016 年 5 月 19 日，德州市人民检察院又补充起诉，指控满增志等人犯合同诈骗罪、诈骗罪，累计数额达到 8700 余万元，已远超法律规定的"数额特别巨大"的起点。如果法院支持公诉意见，满增志可能面临无期徒刑的判决。

起诉书指控内容大致如下：

1. 合同诈骗罪

2014 年 6 月 30 日至 7 月 28 日，满增志、安玉玲、马宪伟以生命海公司的名义，先后在向工行德州分行、中行德州分行、德州银行三八路支行申请贷款的过程中，隐瞒无力偿还贷款的真实情况，提供虚假的《购销合同》，以签订借款合同的手段诈骗上述银行贷款资金共计 1950 万元。满增志、安玉玲将上述资金用于归还巨嘴鸟公司其他借款及货款等。

认定上述事实的主要证据有：借款合同、农副产品购销合同等书证；证人邹力、于海涛、王铮、袁莹莹、王松、刘传敏、徐明强等的证言；被告人满增志、安玉玲、马宪伟的供述与辩解；天衢会计师事务所对巨嘴鸟公司等 5 家单位所作的司法会计鉴定报告等。

2. 诈骗罪

2012 年 4 月至 2014 年 9 月，被告人满增志、安玉玲在明知没有归还能力的情况下，隐瞒其实际控制的巨嘴鸟公司、生命海公司等 5 家单位资不抵债的真实情况，以委托收购小麦、公司经营需要周转资金、偿还银行贷款等为由，以高额利息为诱饵，骗取被害单位恒泰投资有限公司、宏银民间资本管理有限公司、银鑫小额贷款有限公司、鑫有海投资管理有限公司、钱钱金融信息服务（北京）有限公司、冠群驰骋投资管理（北京）有限公司、鲁北阀门有限公司、正达汽车销售服务有限公司等企业资金共计 1269.2 万元；骗取被害人李彦军、孙念山、邹力、王万民、王兰春、钟立友、武玉河、鲁丹波、路线、李希锋、王秀海、吕顺珊等 49 人资金共计

4721.015 万元；以上骗取资金共计 5990 余万元。满增志、安玉玲将上述资金用于归还公司其他贷款、借款本金及利息等。

认定上述事实的证据主要有：收据、借条、借款协议等书证；证人孟萍、左德旺、刘东彦等的证言；被害人李彦军、孙念山、邹力、王兰春、钟立友、武玉河、鲁丹波、路线、李希锋、王秀海等的陈述；被告人满增志、安玉玲的供述与辩解；天衢会计师事务所对巨嘴鸟公司等 5 家单位所作的司法会计鉴定报告等。

2017 年 5 月 3 日，德州市中级人民法院一审认为公诉机关指控的诈骗罪和合同诈骗罪不能成立。但因起诉的部分事实成立，遂判决认定满增志构成骗取贷款罪。

此时，律师发现案件中存在一处至关重要的程序问题：检察机关以诈骗罪和合同诈骗罪提起公诉，法院却以骗取贷款罪定罪处罚。

一审宣判后，被告人满增志上诉至山东省高级人民法院。

2017 年 7 月，山东省高级人民法院作出裁定：撤销原审判决，发回德州市中级人民法院重新审理。

案件发回重审阶段，法院在两次开庭之后，又于 2019 年 4 月 19 日召开"圆桌会议"，向被告人及辩护人释明本案中 5990 余万元部分涉嫌非法吸收公众存款罪，对本罪听取控辩双方意见。

2019 年 4 月 26 日，德州市中级人民法院第二次作出一审判决，宣告满增志等人无罪。

这是本案的第一次无罪判决。但是，事情并未随之了结。

随后，德州市人民检察院以骗取贷款罪和非法吸收公众存款罪向山东省人民检察院提出抗诉申请。2019 年 9 月 2 日，山东省人民检察院采纳辩护人部分意见，但仍然以骗取贷款罪支持抗诉。

在第二次二审中，辩护人提出无罪的辩护意见，理由如下。

一、涉案贷款的发放与被告提供的贷款资料真伪无刑法上的因果关系

骗取贷款罪是欺诈型犯罪，该罪的构成要求特殊的因果关系，即行为人实施虚构事实、隐瞒真相的行为，该行为导致被害人（单位）陷入错误认识，被害人（单位）基于错误认识处分财产。但本案中，涉案4笔银行贷款中的被害单位，并非基于巨嘴鸟公司、生命海公司提供的不实贷款资料而同意发放贷款，巨嘴鸟公司和生命海公司提供不实贷款资料和同意发放贷款之间不具有刑法上的因果关系。

（一）生命海公司在工行德州分行450万元贷款部分

生命海公司在工行德州分行贷款450万元的事实中，银行的工作人员根本没有对生命海公司贷款资料的真伪进行审查，进而同意发放贷款，因此贷款资料的真伪事实上根本不影响银行发放贷款，二者之间不具有刑法上的因果关系。

上述事实，有时任工行德州分行主管副行长（本笔贷款最终签批人）滕云静、时任工行山东省分行授信审批部小企业二科审查人向峰等证人证言，满增志、安玉玲、马宪伟三人的当庭供述予以证明。

上述证人证言及被告人供述摘录如下。

1. 滕云静证言。

问：你在审查这两笔贷款的流程中，是否需要再核实相关贷款资料？

答：在我的职责范围内，没有要求我对贷款资料进行再次审查。针对这两笔贷款，我都没有再次审查贷款资料。

2. 向峰证言。

问：你在审查这笔贷款时，工作职责是什么？

答：我当时的工作主要是按照工商银行小微信贷业务操作流程，对二级分行上报的业务进行审查，对业务资料的完整性和业务合理性负责。

3. 满增志、安玉玲当庭供述称。

银行并非基于企业提供贷款资料真伪而决定是否发放贷款，贷款资料的真伪不影响银行贷款的发放。

经查明，生命海公司在工行德州分行450万元的贷款，系生命海公司的倒贷款，即"借新还旧"。生命海公司不可能将这450万元贷款用于《购销合同》约定的用途，否则"借新还旧"的目的根本无法实现，最终会导致生命海公司无法偿还银行贷款。银行工作人员对此完全明知，甚至《购销合同》的内容都是按照银行的要求制作的，倒贷款的资金也是时任工行德州分行德城支行苗萌行长、刘学鹏副行长帮助协调、联系的，因此银行工作人员根本未陷入错误认识。

上述事实，有满增志在侦查阶段的供述及满增志、安玉玲、马宪伟的当庭供述予以证明。

满增志在侦查阶段的供述。

问：递交银行的《购销合同》的主要内容是什么？

答：具体内容我记不清楚了，都是按照银行的要求办的。

问：工行的工作人员知道你的倒贷款行为吗？

答：他们知道这件事情。

（二）生命海公司在中行德州分行500万元贷款部分

生命海公司在中行德州分行贷款500万元的过程中，中行的工作人员根本没有对生命海公司贷款资料的真伪进行审查，进而同意发放贷款，因此贷款资料的真伪事实上根本不影响中行德州分行发放贷款，资料的真伪和贷款的发放之间不具有刑法上的因果关系。

上述事实，有时任中行德州分行营业部客户经理赵亮、时任中行德州分行营业部客户经理刘艳艳的证言以及满增志、安玉玲、马宪伟的当庭供述予以证明。

赵亮证言。

问：你审查（贷款资料）了吗？

答：我就光看了《购销合同》的基本内容，没作进一步审查。

问：赵慧英（时任中行德州分行营业部副主任）应该对贷款材料的真实性进行复核吗？

答：她应该进行审核。但她只是看了那些贷款材料约五六分钟，然后就签字了。

经查明，生命海公司在中行德州分行的500万元贷款，系生命海公司的倒贷款，即"借新还旧"，生命海公司不可能将这500万元贷款用于《购销合同》约定的用途，否则"借新还旧"的目的根本无法实现，最终会导致公司无法偿还银行贷款。银行工作人员对此完全明知，甚至倒贷款的资金亦是时任银行工作人员张廷锐帮助协调、联系的，因此银行工作人员根本未陷入错误认识。

上述事实，有时任中行德州分行营业部客户经理王铮、时任中行德州分行营业部主任助理张廷锐、时任中行德州分行营业部客户经理赵亮、时任中行德州分行营业部副主任赵惠英的证言以及满增志、安玉玲、马宪伟在侦查阶段的供述和当庭供述予以证明。

1. 王铮证言。

问：你知道这份《购销合同》是真的还是假的吗？

答：我知道是假的，我知道生命海公司贷款中，有300万元是用于偿还上午的借款的。

问：生命海公司的这笔500万元的抵押款是新申请的贷款吗？

答：不是新申请的贷款，（它）其实是调整贷款，是上一年在我行的贷款已经到期，先还上之后再重新提供手续贷出来。

问：生命海公司还贷的500万元是他们公司的吗？

答：不是。2014年8月，张廷锐跟我说让我去生命海公司盯着，把今天到期的500万元贷款先还上。我上午10点多钟就在生命海公司的财务盯着，其中一个财务人员说刚把别的银行的贷款还上，现在公司里没有钱，还说临时拆借500万元。到了中午11点30分了，财务人员说公司的款到账了，让我回到银行扣款去，然后我就回去了。回到银行后我告诉了张廷锐，张廷锐就让我把款扣了，给生命海公司重新调整贷款。

问：生命海公司还的500万元的贷款，张廷锐知道是哪里的钱吗？

答：他知道不是生命海公司的，因为当时是张廷锐让我盯着生命海公司筹钱。再说了，生命海公司的银行流水里面显示公司账面上没有钱。生命海公司的银行流水，倪倩、张廷锐和我都可以看到。

2. 张廷锐证言。

问：你说一下生命海公司还款的情况。

答：2014年8月份的时候，生命海公司需要还款。满增志和邹力分别打电话给我。他们跟我说公司只有150万元，问我能不能借一下钱。还有生命海公司资金比较紧张，问我能不能帮他们筹借一下资金。当时我答应可以帮助他们协调一下，但是具体情况需要他们自己谈。然后我就与德州豪门集团有限公司的财务经理谈了一下，说巨嘴鸟公司需要借350万元左右的资金倒贷款，没有谈利息的事情。

问：生命海公司的这500万元贷款实际干什么用了？

答：中国银行通过受托支付，把这500万元贷款从生命海公司转到签订《购销合同》的另外一方，然后资金中的300.5万元用于归还德州恒久建材有限公司的借款，其他的资金应该是用于公司经营了。

问：既然这500万元的贷款中的300.5万元用于归还借款了，为什么还会有《购销合同》存在？

答：这份《购销合同》就是用于办理生命海公司500万元的贷款，这笔资金没有实际按照《购销合同》的用途执行。这份《购销合同》就是表面上符合银行贷款的要求，实际上就是为了倒贷款。

3. 赵亮证言。

问：你是如何对生命海公司的贷款材料进行审核的？

答：我审核的时候，张廷锐跟我说，这笔贷款是到期调整的贷款，等生命海公司把之前的贷款还上之后，就帮倪倩把这笔贷款放出来。

4. 赵惠英证言。

问：说一下你参与办理这笔贷款的情况？

答：这笔贷款是 2013 年生命海公司在中国银行办理的，2014 年贷款到期之后，生命海公司先筹款归还贷款，然后中国银行再给生命海公司办理新的贷款。

问：生命海公司贷款的目的是什么？

答：生命海公司就是为了调整贷款，如果不调整的话就会形成企业信用不良。

问：什么是调整贷款？

答：就是企业之前的贷款到期之后，企业把这笔贷款先还上，之后银行再办理新的贷款手续，给企业贷出这笔资金。

5. 满增志在侦查阶段的供述。

问：中国银行工作人员知道你们的倒贷款行为吗？

答：银行知道我们的这种倒贷款行为。生命海公司在中国银行有长期的贷款，占银行一定的贷款规模。我们这种属于收回再贷的行为。

问：中国银行工作人员清楚巨嘴鸟公司、生命海公司和金满仓公司之间的关系吗？

答：他们知道这件事情。

6. 安玉玲在侦查阶段的供述。

问：中国银行的工作人员知道你们的倒贷款行为吗？

答：中国银行的工作人员（具体是什么名字我不清楚）知道我们的倒贷款的事情。

7. 马宪伟在侦查阶段的供述。

问：你能详细讲一下当时办理贷款的情况吗？

答：生命海公司财务部门每个月都要把借还款（包括即将到期的贷款业务）的报表给安玉玲。2014 年 7 月份，生命海公司在中国银行有笔 500

万元的贷款即将到期，我向安玉玲汇报后，在公司账户上把即将到期的贷款归还，然后再报请中国银行德州分行新的贷款资料，申请500万元贷款。

8. 满增志、安玉玲、马宪伟当庭供述：

生命海公司在中行德州分行的500万元银行贷款，系倒贷款，倒贷款的过桥资金系时任银行工作人员张廷锐协助联系的，银行工作人员对贷款资料虚假具有明知。

（三）巨嘴鸟公司在德州银行三八路支行500万元贷款部分

巨嘴鸟公司在德州银行三八路支行贷款500万元的事实中，德州银行的工作人员只是在形式上审查贷款合同是否加盖公章、贷款资料是否完整，根本没有对贷款资料的真伪进行审查，进而同意发放贷款。甚至银行工作人员在审核贷款业务时，只是在系统上查看了内部的审批手续。这笔贷款于2014年3月25日08：49：40由业务员王松发起，经胡敏、林茂延、王帅、孟庆斌、常健、于明臣六个环节审核，至同日10：25：22结束，总计用时1小时35分44秒，平均每个审批环节仅用时15分钟。因此贷款资料的真伪事实上根本不影响银行发放贷款，二者之间不具有刑法上的因果关系。

上述事实，有时任德州银行三八路支行第一客服中心客户经理王松、时任德州银行信贷主办胡敏、林茂延、王帅、于明臣、常健的证言，原审被告人满增志、安玉玲、马宪伟的当庭供述，尤其是还有在案的德州银行业务审查审批意见单予以证明。

1. 王松证言。

问：你对《购销合同》的真实性有审查的义务吗？

答：我有审查的义务。

问：那你对巨嘴鸟公司提供《购销合同》的真实性有没有进行核实？

答：我主要是通过两方面进行监督。一方面是按照贷款方提供的《购销合同》进行受托支付，在银行的监督下把贷款打到受托方账户上；另一方面是检查《购销合同》本身是否是真实的（主要查看是否加盖了购销双方企业的公章）。

2. 胡敏证言。

问：你是如何完成上述工作的？

答：我当时是通过自己的账号和密码登录我在德州银行的信贷系统，然后就可以看到王松提交给我这笔贷款的申请材料，我再仔细审核这些申请材料。那时候我印象里主要查看了这笔贷款申请的额度、期限、利率等问题，然后我查看了全部贷款材料是完整的，就通过自己的信贷系统上报给德州银行客户服务中心副总经理林茂廷。

3. 林茂廷证言。

问：你是如何完成上述工作的？

答：我当时是通过自己的账号和密码登录我在德州银行的信贷管理系统，然后就可以看到胡敏提交给我这笔贷款的申请材料。当时我刚开始接触信贷业务，对于里面的很多细节不是很熟悉。然后我仔细审核那些贷款申请材料。我当时主要查看了这笔贷款申请的期限、金额、利率、资产报表等问题，然后我查看了所有的贷款资料是完整的，就通过自己的信贷系统上报给德州银行客户服务中心的王帅。

4. 王帅证言。

问：你在审批这笔贷款的过程中，是否查看了企业提供的贷款申请资料？

答：我所负责的这一审核审批环节，是对我们银行内部填写的贷款申请内容和贷款调查报告进行审查，是利用计算机在系统上查看我们内部的审批手续，看不到纸质材料，属于形式上的审查，不会对企业提供的贷款申请资料进行实质上的审查。

5. 于明臣证言。

问：你在审批这笔贷款的过程中，是否查看了企业提供的贷款申请资料？

答：我所负责的这一审查审批环节，只是利用计算机在系统上查看我们内部的审批手续，对我们银行内部填写的贷款申请内容和贷款调查报告进行审查，接触不到纸质材料。

6. 常健证言。

问：你在审批这笔贷款的过程中，是否查看了企业提供的贷款申请资料？

答：我所负责的这一审核审批环节，只对我们银行内部填写的贷款申请内容和贷款调查报告进行审查，属于形式上的审查，不会对企业提供的贷款申请资料进行实质上的审查。我只是利用计算机在系统上查看我们内部的审批手续，接触不到纸质材料。

经查明，巨嘴鸟公司在德州银行三八路支行的 500 万元贷款，系巨嘴鸟公司的倒贷款，即"借新还旧"，巨嘴鸟公司不可能将这 500 万元贷款用于《购销合同》约定的用途，否则"借新还旧"的目的根本无法实现，最终会导致无法偿还银行贷款。银行工作人员对此完全明知，甚至倒贷款的资金也是时任德州银行副行长孟庆斌帮助协调、联系的，因此银行工作人员根本未陷入错误认识。

上述事实，有时任德州银行三八路支行第一客服中心客户经理王松证言、原审被告人满增志、安玉玲、马宪伟在侦查阶段的供述以及当庭供述予以证明。

1. 王松证言。

这笔贷款快要到期的时候，我给巨嘴鸟公司的会计打电话催促还款事宜，要求在巨嘴鸟公司账户上到期划回贷款。然后再让会计带着新的贷款申请材料来我行办理贷款。

2. 满增志在侦查阶段的供述。

德州银行三八路支行的工作人员知道我们的这种倒贷款的行为。我们公司在德州银行三八路支行有长期规模的贷款，占银行一定的贷款规模。我们这种属于收回再贷的行为。

3. 安玉玲在侦查阶段的供述。

德州银行的王松知道我们倒贷款的事情。

4. 马宪伟在侦查阶段的供述。

2014年3月初，巨嘴鸟公司在德州银行有笔500万元的贷款即将到期，我给巨嘴鸟公司的安玉玲汇报后，在公司账户上把即将到期的贷款归还，然后再报德州银行三八路支行申请新的贷款材料，申请500万元贷款。原有贷款到期之后，巨嘴鸟公司就把贷款按期偿还了。

（四）巨嘴鸟公司在工行德州分行的500万元贷款部分

巨嘴鸟公司在工行德州分行贷款500万元的事实中，工行的工作人员只是在形式上审查贷款资料的完整性，甚至在审查同意贷款业务时，距离前手将贷款资料发送给后手的时间不到1个小时，这充分说明银行工作人员根本没有对巨嘴鸟公司贷款资料的真伪进行审查就同意发放贷款，因此贷款资料的真伪事实上根本不影响工行德州分行发放贷款，二者之间不具有刑法上的因果关系。

上述事实，有时任工行德城支行客户经理徐明强、时任工行德州分行小企业金融业务中心业务经理王建春、工行山东省分行授信审批部小企业二科审查人李军的证言，工行贷款业务审查流程表，原审被告人满增志、安玉玲、马宪伟的当庭供述予以证明。

1. 徐明强证言。

问：工行德城支行对巨嘴鸟公司提供《购销合同》业务的真实性有没有进行核实？

答：按照贷款方提供的《供销合同》进行受托支付，在银行的监督下把贷款达到受托方的账户上，我们的监督过程就完毕。

2. 王建春证言。

问：你在这两笔贷款的审查批准流程中调查复核的内容是什么？

答：我调查复核的内容是支行上报来的这两笔贷款的申请资料的完整性和填写质量是否符合我行的要求。

问：讲一下你在审查批准这两笔贷款业务中的工作流程。

答：巨嘴鸟公司和生命海公司向工行德州分行德城支行提出贷款申请，并按照银行的要求提交相应资料，德城支行具体负责这两笔贷款业务的客户经理在贷款企业将资料提交完全并进行一定的调查工作后，将企业提供的贷款资料和贷款调查报告上传至贷款审批系统，并在系统上提交给我。我在系统上就能看到这笔贷款业务和相应的资料、报告。我再对这笔贷款业务的资料和调查报告进行调查复核。如果资料种类完整，内容填写规范，我就会点"审批通过"，这笔业务就上报到了省行进行审查审批。如果资料缺失或者内容填写不规范，我就会点"退回到上一环节"。这两笔资料的完整性和内容从表面上看都是符合我行要求的，我都在流程中上报省行审批了。

3. 李军证言。

问：你在这笔贷款的审批流程中尽到自己的职责了吗？

答：我审查的是贷款影像资料的完整性。我无法到现场进行审核。我尽到了自己的职责。

4. 工行贷款业务审查流程表（见下图）。

5. 原审被告人满增志、安玉玲、马宪伟当庭供述称：

银行并非基于企业提供贷款资料而决定发放贷款，贷款资料真伪不影响银行发放贷款。

经查明，巨嘴鸟公司在工行德州分行的 500 万元贷款，系巨嘴鸟公司的倒贷款，即"借新还旧"，巨嘴鸟公司不可能将 500 万元贷款用于《购销合同》约定的用途，否则"借新还旧"的目的根本无法实现，最终会导致无法偿还银行贷款。银行工作人员对此完全明知，甚至倒贷款的资金也是时任工行德州分行德城支行的苗萌行长、刘学鹏副行长帮助协调、联系的，因此银行工作人员根本未陷入错误认识。

上述事实，有时任工行德城支行徐明强证言，原审被告人满增志在侦查阶段的供述及安玉玲、马宪伟的当庭供述予以证明。

1.徐明强证言。

2014年7月中旬（具体时间我记不清楚了），巨嘴鸟公司在工行德城支行的600万元贷款即将到期，我与巨嘴鸟公司的财务负责人马宪伟联系，催促归还贷款的事情。我要求在巨嘴鸟公司账户上到期划回贷款，然后再让他带着新的贷款申请资料来我行办理这笔500万元贷款。

2.满增志在侦查阶段的供述。

银行知道我们的这种倒贷款行为。我们公司在工商银行德城支行有长期规模的贷款，占银行一定的贷款规模。我们这种属于收回再贷的行为。

综上，通过银行对于巨嘴鸟和生命海公司4笔银行贷款资料的审查过程可以发现，无论是哪家银行、哪个部门、哪个负责人、在哪个审查环节，均没有认真（或故意不）审查贷款资料的真伪。其也不能认真审查，因为一旦审查出来虚假的贷款用途，就不能实现"借新还旧"的真正目的。即本案中的贷款资金流向，名为《购销合同》约定的用途，实为"借新还旧"。由此可见，巨嘴鸟和生命海公司的"不规范的操作"，和银行的"不规范的操作"有密切的关系。否则，无法实现银行贷款给企业倒贷的目的。

在二审开庭过程中，出庭检察员认为："银行部分工作人员的明知，不代表银行明知。"辩护人认为：该观点明显错误。银行作为法人实体，其主观意志只能通过代表其履行职务的工作人员的意志予以体现。因此，实际负责贷款业务的银行工作人员在取得授权、履行职务过程中对贷款资料虚假的明知，应当认定为银行明知。上述观点，也已为司法实践所广泛采信：如辽宁省葫芦岛市中级人民法院作出的张某某涉嫌骗取贷款罪的终审判决。

二、无充分证据证明 4 笔银行贷款已经给银行造成损失，逾期未还的责任不应由满增志等人承担

山东省人民检察院支持刑事抗诉意见书的指控，认为涉案 4 笔银行贷款"给银行造成重大损失"，意即满增志等人构成骗取贷款罪，且应当在 3 年有期徒刑以下的刑罚幅度内量刑。辩护人认为，上述指控不能成立，理由如下。

（一）本案无确切证据证明涉案 4 笔银行贷款已经给银行造成损失

根据《公安部经侦局关于骗取贷款罪和违法发放贷款罪立案追诉标准问题的批复》第 2 条第 2 款的规定："根据目前国有独资银行、股份制商业银行实行的贷款五级分类制，商业贷款分为正常、关注、次级、可疑、损失五类，其中后三类称为不良贷款，不良贷款尽管'不良'，但并不一定形成了既成的损失，因此'不良贷款'不等于'经济损失'。"又按照银监会 2007 年 7 月 3 日发布的《贷款风险分类指引》第 5 条的规定，商业银行贷款中的"损失"是指："在采取所有可能的措施或一切必要的法律程序之后，本息仍然无法收回，或只能收回极少部分。"本案中涉及的 4 笔银行贷款，均有相应的抵押、担保，且抵押、担保均经银行在发放贷款前审核同意，本案尚无充分证据证明上述抵押、担保不足以偿还涉案银行贷款。（涉案贷款情况见表 1）

表 1　生命海、巨嘴鸟公司涉案贷款抵押、担保情况

序号	借款企业	涉案银行	贷款金额	抵押、担保情况
1	生命海公司	工行德州分行	450 万元	宏图焊网公司、邹力、满增志
2	生命海公司	中行德州分行	500 万元	邹力、张聊艺、金满仓公司、巨嘴鸟公司
3	巨嘴鸟公司	德州银行三八路支行	500 万元	生命海公司、满增志、安玉玲
4	巨嘴鸟公司	工行德州分行	500 万元	德州国用（2008）第 142—144 号土地使用权、生命海公司、天马粮油集团公司、新海纸业公司、满增志、安玉玲

且检察机关提供的资产评估公司出具的对巨嘴鸟公司、生命海公司的资产评估报告及会计司法鉴定所出具的司法鉴定意见存在严重问题，不具有客观性、合法性。鉴于巨嘴鸟公司、生命海公司的资产评估报告和司法鉴定意见书具有相似性，因此辩护人仅以巨嘴鸟公司的资产评估报告和司法鉴定意见书为基础，说明这一问题。

1. 巨嘴鸟公司的资产评估报告内容多处不具有合法性、客观性，不得作为定案根据。

（1）评估报告前后矛盾。

巨嘴鸟公司资产评估报告第 21 页第（3）项中载明评估人员"对各项资产进行了现场勘查"，但是在第（4）项设备类资产部分供述中，又称"评估人员未能进入现场进行勘查"，二者前后矛盾。

（2）评估报告不符合使用条件。

2019 年 1 月 1 日起生效的《资产评估执业准则——资产评估报告》第 10 条规定："资产评估报告应当明确评估结论的使用有效期。通常，只有当评估基准日与经济行为实现日相距不超过一年时，才可以使用资产评估报告。"

巨嘴鸟公司的资产评估报告，没有明确评估结论的使用有效期，违反上述规定。

且评估报告的评估基准日为 2014 年 9 月 30 日，距离经济行为实现日已经超过 1 年，因此资产评估报告原则上不得使用。

（3）资产评估报告所依据的数据无任何来源。

巨嘴鸟公司资产评估报告第 21 页载明，公司资产中的设备类资产、生物性资产的价值，系依据德州市价格事务所《价格评估结论书》的资产名称、数量所进行的评估。但该《价格评估结论书》根本不在卷，资产评估公司出具的评估报告所依据的数据无任何来源，无任何有效文件或者基础材料予以证明。上述事实，在二审开庭过程中，出庭检察员亦予以认可。

（4）资产评估报告所依据的数据超出使用期，且评估资产并不完整。

退一步讲，即使不考虑评估报告所依据的《价格评估结论书》不在卷的情况，从实体上看该报告也存在下列问题。

首先，德州市价格事务所出具的《价格评估结论书》第21页载明："价格评估结论书仅对本次委托范围有效，不作他用。有效期为报告出具之日起半年……"该《价格评估结论书》的出具时间为2017年10月17日，其使用有效期应截至2018年4月17日。因此，该《价格评估结论书》已超出使用期，不应继续使用。

其次，德州市价格事务所出具的《价格评估结论书》系对巨嘴鸟公司"被查封的机器设备及地上附着物和办公物品一宗"进行评估，但是巨嘴鸟公司的资产并不限于上述范围。经满增志、安玉玲统计，巨嘴鸟公司实际所有，但是未列入《价格评估结论书》中的资产多达四十余项。因此，该资产评估报告所援引的巨嘴鸟公司的设备类资产、生物性资产存在资产种类和数量上的重大遗漏，由此可见，该评估报告存在资产数据严重失实的情形，不具有客观性。

2. 巨嘴鸟公司的《司法鉴定意见书》多处不具有合法性、客观性，不得作为定案根据。

首先，该《司法鉴定意见书》第6页在"特别事项说明"第一点中明确："资产中的固定资产、无形资产等价值，按巨嘴鸟资产评估报告数据进行了调整。"由此说明，这份《司法鉴定意见书》系以评估报告为基础。因此，在评估报告内容存在多处不合法、不客观的情况下，司法鉴定意见书亦不能作为定案根据。

其次，根据上述"特别事项说明"的内容可知，司法鉴定所作为司法鉴定机构，其所作出的司法鉴定意见中的固定资产、无形资产等价值与资产评估报告中的数据不一致，因此才需要调整。

2016年5月1日生效的《司法鉴定程序通则》第5条规定："司法鉴定人应当依法独立地进行鉴定"，本案的司法鉴定意见所依据的基础数据，却根据其他评估机构得出的数据进行了调整，显然说明司法鉴定人在鉴定过程中并非"独立"地进行鉴定。因此，该司法鉴定意见书的作出，违反法定程序，不应作为定案依据。

再次，《司法鉴定意见书》附件 2 的《资产负债表》中，2013 年的各项数据与 2014 年 9 月的各项数据完全相同，一分不差。该数据不符合常理，在现实中也不可能出现时隔一年，资产负债表中各项数据完全一致的情况。由此可见，这份《司法鉴定意见书》不具有客观性，不应作为定案依据。

最后，《司法鉴定意见书》中所认定的巨嘴鸟公司的负债数据不准确。《司法鉴定意见书》中记载，鉴定人确定巨嘴鸟公司的负债金额系通过核对原始单据、贷款合同、储粮证、社会借款收据及书面的询问笔录方式分析取得。可见，在此过程中鉴定人并未履行向债权人核对或者函证的程序，部分已经偿还的借款未予以核减，由此得出的巨嘴鸟公司的负债数据不具有客观性。

综上，检察机关提供的本组鉴定意见，不具有客观性、合法性，不应作为定案依据。现有证据不能证明巨嘴鸟公司、生命海公司无法偿还涉案银行贷款。

可以得出结论，现有证据不足以证明本案中的 4 笔贷款的贷款银行已"采取所有可能的措施或一切必要的法律程序之后，本息仍然无法收回，或只能收回极少部分"；不能根据巨嘴鸟公司、生命海公司逾期未能偿还贷款而径行认定上述银行遭受损失。检察机关认为涉案 4 笔银行贷款给银行造成重大损失，显然是混淆了"损失"与"不良贷款"之间的区别，法院应不予以支持。

（二）案发时 4 笔银行贷款均未到期，且上述贷款利息亦未发生任何逾期

根据贷款合同可知：生命海公司在工行德州分行的 450 万元贷款到期时间为 2015 年 6 月 5 日；生命海公司在中行德州分行的 500 万元贷款到期时间为 2015 年 2 月 8 日；巨嘴鸟公司在德州银行三八路支行的 500 万

元贷款到期时间为 2015 年 3 月 24 日；巨嘴鸟公司在工行德州分行的 500 万元贷款到期时间为 2015 年 7 月 17 日。而满增志和安玉玲早在 2014 年 10 月即被侦查机构带走调查。

可见，公诉机关指控的 4 笔银行贷款，在巨嘴鸟公司、生命海公司的实际控制人满增志、安玉玲被采取刑事强制措施时均未届满清偿期。甚至截至案发之日，上述 4 笔银行贷款的利息也未出现任何逾期情形。4 笔正常的贷款，由于侦查机关的不当介入，导致了巨嘴鸟公司、生命海公司的生产经营迅速陷入停顿，以至于逾期不能偿还。因此，涉案银行贷款逾期的责任，不应由满增志等人承担。

三、公安机关在二审期间取得的新证据不能直接作为认定犯罪的依据

山东省人民检察院支持刑事抗诉意见书中明确，在德州市人民检察院提起抗诉后，公安机关"对判决事实调取了新的证据"。从本案补充卷宗中证据的取得时间来看，亦能证实检察机关的上述说法。

《刑事诉讼法》第 11 条规定："被告人有权获得辩护，人民法院有义务保证被告人获得辩护。"《刑事诉讼法》第 227 条第 3 款规定："对被告人的上诉权，不得以任何借口加以剥夺。"上述规定明确赋予被告人以辩护权以及针对不利判决结果申请二次救济的权利。一审人民法院作出无罪判决后，检察机关提出抗诉，并在二审期间收集证明被告人有罪的新证据。如果二审法院可以直接采纳检察机关提交的新证据并据此认定被告人有罪，作出有罪判决，实际上意味着被告人丧失了就新证据所作的有罪判决通过上诉获得救济的机会，也变相剥夺了被告人的辩护权和上诉权，变相破坏了《刑事诉讼法》所确立的"两审终审制"。

因此，为维护被告人的合法权益，针对检察机关在二审期间提供的新证据，二审人民法院不应直接采纳并作为定罪依据。上述裁判要旨，也已

为最高人民法院刑一庭至刑五庭主办的《刑事审判参考》第90集第833号指导案例所确认。

2017年5月1日起施行的《最高人民法院关于落实司法责任制 完善审判监督管理机制的意见（试行）》第6条第1款规定："各级人民法院应当充分发挥专业法官会议、审判委员会总结审判经验、统一裁判标准的作用，在完善类案参考、裁判指引等工作机制基础上，建立类案及关联案件强制检索机制，确保类案裁判标准统一、法律适用统一。"

四、本案在二审期间的收集证据活动违反法定程序，所收集证据不得作为定案根据

本案补充卷第1卷第1页的《补充侦查决定书》及补充卷宗中证据收集的时间可以证明，本案中检察机关补充提供的证据，系2019年5月5日由山东省德州市人民检察院将本案退回原侦查机关之后，原侦查机关所补充收集、调取的。

首先，《补充侦查决定书》中援引的法律依据存在错误。山东省德州市人民检察院在《补充侦查决定书》中援引的法律依据系《刑事诉讼法》第175条。经查《刑事诉讼法》第175条规定的内容及其所处的章节可知，该条款系针对审查起诉阶段补充侦查的规定。辩护人同时注意到，《补充侦查决定书》的落款时间为2019年5月5日，系在一审判决宣告之后。因此，检察机关要求公安机关补充侦查所适用的法律依据错误。

其次，要求原侦查机关补充收集证据的主体错误。本案中补充卷宗中的相关证据，系德州市人民检察院要求原侦查机关补充收集。但根据《人民检察院刑事诉讼规则（试行）》第476条第1款的规定，在二审程序中，可以要求原侦查机关补充收集证据的主体应为二审人民法院同级的人民检察院（即山东省人民检察院），而作为原审公诉机关的山东省德州市人民检察院无权在二审期间要求原侦查机关补充收集证据材料。

因此，本案中二审期间所收集的证据，违反法定程序，不应作为认定满增志等被告人有罪的根据。

五、人民法院应当驳回检察机关抗诉，维持原审无罪判决

第一次被判无罪出狱后，满增志接受媒体采访时表示："从被抓的那天起，我就坚信我是无罪的。"满增志说，他是一名共产党员，接受过党多年的教育，深知自己的责任和使命，"我肯定不会做违法的事情，就算我不为自己考虑，我也得为跟我一起干活的工人考虑"。

进看守所的第二个月，满增志就开始大把大把地掉头发，身心遭受了很大的影响。不过，他始终没有放弃，他坚信司法一定会还一个清白给他。

2019年12月18日，山东高院针对本案的事实、证据和抗诉机关的抗诉意见及被告单位巨嘴鸟公司、被告人满增志、安玉玲、马宪伟及其辩护人的辩解和辩护意见，就4笔银行贷款是否构成骗取贷款罪，综合评判如下。

一是从案发情况看，案发时4笔银行贷款均未到期，且被告单位每月按时付息，至2014年10月因第一笔粮农存粮事件发生，公安机关对巨嘴鸟公司主要负责人刑事拘留，该公司的生产经营迅速陷入停顿，导致逾期不能偿还贷款。

二是从证据看，涉案的4笔贷款均系被告单位的老贷款，银行工作人员对倒贷行为是明知的，部分银行工作人员在履行职务时，对被告单位提供的虚假《购销合同》等资料也是明知的，甚至还并帮助协调"过桥资金"。两家公司获批贷款后即偿还"过桥资金"或银行贷款，不可能用来履行《购销合同》约定的实际用途。

三是从后果看，涉案4笔贷款均有银行认可的担保，银行没有向公安机关报案被骗，而是通过民事诉讼途径解决，德州市德城区人民法院、德州市中级人民法院民事判决对涉案4笔贷款均确认借款合同有效。

另外，出庭检察员认为"银行部分工作人员的明知，不代表银行明知"。法院认为，银行作为法人实体，其主观意志只能通过代表其履行职务的工作人员的意志予以体现。因此，实际负责贷款业务的经办人员在取得授权、履行职务过程中的认知行为应当认定为银行明知。

综上所述，根据《中国人民银行贷款通则》第10条、第31条的相关规定，贷款人应当对担保人的偿还能力严格审查，贷款发放后，应当对借款人执行合同情况进行追踪调查和检查。本案没有证据证明银行工作人员履行了应尽职责，也没有证据证明银行工作人员因虚假《购销合同》等贷款资料而产生错误认识，从而被骗发放贷款。

根据《刑法》第175条之一的规定，骗取贷款罪是指"以欺骗手段取得银行贷款，给银行造成重大损失或者有其他严情节"，言下之意就是借款人实施了欺骗行为，使得相关银行工作人员陷入认识错误，并在认识错误的基础上决定向借款人发放贷款，借款人因而取得贷款，并给银行造成重大损失或者有其他严重情节。但本案银行经办贷款的工作人员对《购销合同》的虚假是明知的，其没有实际履行审查《购销合同》真实性的义务，故不能认定银行是基于借款人的欺骗行为而陷入认识错误进而发放贷款。

最后，法院认为，巨嘴鸟公司、满增志、安玉玲、马宪伟犯骗取贷款罪的事实不清，证据不足，检察机关的抗诉意见不能成立，不予采纳。裁定驳回抗诉，维持原判。

本裁定为终审裁定。

本案经历了侦查、审查起诉、追加起诉、一审判决、二审裁定、发回重审之后的变更起诉、撤回起诉、不起诉等一系列司法程序，至此"四罪全无"，一场历时四年半有余的"马拉松式"刑事诉讼才终得拉下帷幕。

📝 律师手记

唯精唯一　守正不移

周金才

我心无悔　从初生同情到肩承重任

法律是界定人们工作和生活秩序的标尺。任何人都不能，也不应凌驾于法律之上，否则就要接受它的惩罚。作为一名职业律师，在多年的工作实践中，我始终敬畏并遵循这一原则。

从某种程度上讲，这也是我对法律的理解，它影响了我对自己所从事的工作的定性和定位。

我一直坚信，方向，永远比努力重要一万倍。如果方向不明确，一切皆是徒劳。作为律师，我深知一点：我的一切工作的凭借和依据，只能是法律。

我的手中只有法律这个武器。

这些年我办了几起看起来比较有"传奇色彩"的案件。但无论案件有多么传奇，归根结底的一点，我心里面最清楚，那就是牢牢地抓住法律这根准绳，用《孙子兵法》里的一句话说，就是"守正出奇"。凡战者，以正合，以奇胜。

这起案件的判决结果是"四罪全无"。这不仅符合中央对于民营企业家的刑事利好政策，也充分体现了山东司法机关公正公允的司法精神。

接触这个案件初期，我的档期已经排满，找我辩护的案件可以说应接不暇。接下这个案子，除了因为当事人家属坚定不移的态度，还有一个原因：满增志是个颇有情怀的企业家。他应该在广阔的天空舒展抱负，而不应被关在监狱里。

与许多同时代的民营企业家一样，满增志对自己企业的发展有着更为深远的考虑。即使在看守所中、被告席上，言及巨嘴鸟公司，满增志也总是难掩自豪之情，甚至有些"不合时宜"地畅谈自己对企业日后发展的宏大构想。

如此一位成功的企业家，却因企业资金链暂时断裂，无法及时应对储粮户的集中挤兑，而被公安机关立案侦查并采取羁押性强制措施。侦查终结、审查起诉，直到公诉机关补充起诉，满增志及其家属意识到本案的严峻性与复杂性，这才北上聘请专业的刑事辩护律师。这时已经不是商谈企业如何发展，而是要面临冰冷的刑事程序了。

多年来，我辩护过数十起民营企业家涉嫌犯罪案件，律师的使命感不允许我袖手旁观。于是，在原本的接案计划之外，我同意接受委托，担任满增志一审阶段的辩护人。

举重若轻 从无期重罪到 5 年轻刑

案子接过来了，就等于接受了巨大的压力。本案经公诉机关起诉、补充起诉后，涉案金额已远远超出"数额特别巨大"的起点，一旦公诉机关的指控被人民法院支持，在满增志没有任何法定、酌定从轻或者减轻处罚情节的情况下，其作为第一被告人，通常面临着无期徒刑的刑事责任。

我能读出当事人家属的恐惧，也在努力维持着内心深处的平静。处变不惊方可临危不乱，守正出奇才能克敌制胜。"守"不是保守，"守"的等候是为了"出"的迅猛。正如，心有猛虎而细嗅蔷薇。案件中确有很多细节和漏洞，容易被忽略。有些人认为这些细节可有可无、无足轻重，但恰恰是这些细节构成了事物的全部。收集每一个细节，就会还原整体。不消说连续两个月的时间，我谢绝了所有不必要的社会活动，制作详细的阅卷笔录、质证意见，我还经常研究案件至深夜，将本案的案情、证据、法律适用烂熟于胸。在任何专业领域，一切成绩的取得都来自于厚积薄发，所有的瞬间决定都是深思熟悉的结果。

当然，守正出奇的克敌关键在于一个"奇"字，"守"是防御动作。兵法上有云：进攻才是最好的防御。兵法上还有云：不谋全局者，不足谋一隅；不谋大势者，不足以谋一时。不错，律师只是整个案件的参与者，但却必须作出全局方向的精准判断。律师要懂得灵活、充分运用法律赋予的权利，方能偶尔祭出"压迫式打法"。

比如，公诉机关在出示第一宗事实（合同诈骗储粮户小麦款近780万余元）中关于小麦款的相关证据后，我迅速当庭心算：证据所反映的涉案数额已经远远超出起诉书指控的犯罪数额。我当即举手示意法庭，要求公诉机关明确是否变更起诉书，如不变更起诉书，举证数额超过指控数额如何解释？

再如，对于本案久拖不决，早已超出法定审理期限却未向被告人、辩护人送达延长审理期限手续的程序性问题，我数次提请法庭休庭合议，申请法庭向被告人及辩护人出示延期审理手续以确保庭审合法性，等等。

在法庭辩论环节，我发表第一轮辩护意见时即阐述了接近两个小时，洋洋洒洒数万言。在三日紧张、有序的庭审过程中，旁听人员的掌声，将法庭气氛一次次推向高潮。上述种种，都在证据辩护、法律适用辩护、刑事政策辩护的基础之上，让司法机关感到了巨大压力。

多年的刑事辩护经验使得我深知，任何一起重大、疑难、复杂案件——尤其是被告人已被长期羁押的案件——的成功辩护，都是辩护人与司法机关不断博弈的结果。因此，庭审结束之后，笔者又多次与承办法官电话、书面联系，反复向其阐述本案的证据、事实不支持公诉机关指控以及被告人、辩护人对此的坚决态度。最终，德州市中级人民法院没有支持公诉机关对满增志等人犯合同诈骗罪、诈骗罪的指控，但认定公诉机关指控的第二宗合同诈骗3家银行4笔贷款1950万元的事实，构成骗取贷款罪，依照《刑法》第175条的规定，于2017年5月3日判处满增志有期徒刑5年，并处罚金50万元。至此，本案取得了第一阶段的胜利。此刻，满增志面对的，不再是无期徒刑的重罪，而是至多5年的有期徒刑。

峰回路转　从维持原判到发回重审

满增志虽然被解除了无期徒刑的威胁，但是"有罪之身"的认定对他而言无疑是一种不可接受的煎熬。他确信自己无罪，也基于对我的充分信任,满增志继续委托我担任其二审阶段的辩护人。接受委托后,我重新梳理卷宗,陷入深深的思考。在坚持原有的无罪辩护意见基础之上,我着手研究本案中的程序违法事项。毋庸讳言,司法实践中对于重大经济犯罪案件,一审法院在宣判之前,向上级法院请示、汇报的情形并不罕见。换言之,如果在二审程序中辩护人仍然仅就本案罪与非罪的问题发表辩护意见,得到的可能只是上级法院"驳回上诉、维持原判"的裁定。

无疑,我仍旧只能在保护当事人合法权益的方向上找方法。那么当事人是否有还权益被忽略?有的,法院认定公诉机关指控的两个罪名,即合同诈骗罪、诈骗罪不成立,而以骗取贷款罪判处当事人 5 年徒刑,这个判决结果,从实体上讲并不违法。但是忽略了一点,即关于新罪名,当事人和辩护人并没有参与表达辩护意见。依据《最高人民法院关于适用〈中华人民共和国刑事诉讼法〉的解释》第 241 条第 2 款之规定:"人民法院应当在判决前听取控辩双方的意见,保障被告人、辩护人充分行使辩护权。必要时,可以重新开庭,组织控辩双方围绕被告人的行为构成何罪进行辩论。"

简而言之就是,你可以给我重新定罪,但是得给我申辩的机会。

依照《刑事诉讼法》的规定,辩护权是被告人的法定诉讼权利之一。一审法院在公诉机关指控的部分事实成立的基础之上,变更定性却未听取控辩双方意见的,显然侵害了被告人对于新罪名(即骗取贷款罪)的辩护权。依据原《刑事诉讼法》第 227 条(现《刑事诉讼法》第 238 条——笔者注)第(3)项规定的"剥夺或者限制了当事人的法定诉讼权利,可能影响公正审判的"的情形,二审法院"应当撤销原判,发回原审人民法院重新审判"。除了上述明确法律规定之外,辩护人还向二审法院提交了最高人民法院刑一庭至刑五庭主办的《刑事审判参考》中刊载的指导案例"徐强等非法拘禁案"等,作为据理的佐证。

即便如此,囿于刑事司法的惯性,在笔者与二审承办法官交流的过程中,法官也坚持称一审法院改变定性系在原审公诉机关指控事实之上作出的，该审理程序并无不当。言下之意，二审仍要作出维持原判的裁定。我先后当面、通过电话反复向承办法官解释的是：在原审公诉机关指控事实的基础之上改变定性，这是人民法院的权力；但是在行使该权力时必须依照司法解释上述规定听取双方意见，以保障被告人的法定诉讼权利，否则即符合原《刑事诉讼法》第227条规定的法定发回重审的情形。在我与承办法官高强度的、具有博弈性质的沟通之下，最终山东省高级人民法院于2017年7月27日裁定撤销原判，将本案发回德州市中级人民法院重新审理。

柳暗花明　从长期羁押到取保候审

本案发回重审之后，我由于为其他案件所累，实在分身乏术，希望满增志另外聘请其他律师为其辩护。但身在看守所内的满增志坚决不同意，甚至满增志的亲属为此突发了冠心病。承载着满增志本人及其家属的信任与期盼，我无法推辞，继续担任本案发回重审程序的辩护人。本案中，二审法院系以程序违法而非事实不清、证据不足之由发回重审，多年的刑事辩护经验告诉我，除非有特殊情况出现，否则重新审理的人民法院在补正原审程序瑕疵之后，仍然可能维持原审的实体判决。因此，此类山重水复的案件，只有在程序上慢下来，才可能有柳暗花明的机会。

一起无罪的案件的审判，注定需要各种力量的支持。在筹划如何为程序"降速"时，满增志家属传来信息称，被告单位的诉讼代表人不愿意继续参加诉讼。笔者意识到，这是一个可以利用的机会，且客观上由于满增志在押、企业生产经营陷入停顿，导致员工离散现象非常严重。在此前的文章中，我已经多次介绍过刑事诉讼中被告单位诉讼代表人缺位对于庭审的"梗阻"作用，因此我希望利用诉讼代表人无法有效确定的事由，与司法机关展开"诉辩协商"，即由满增志承诺协助司法机关有效确定诉讼代表人，推进刑事诉讼程序顺利进行，作为对价，由司法机关为满增志变更强制措施为取保候审。

在向满增志及其家属充分释明法律规定并征得其同意后，我多次向承办案件的德州市中级人民法院、德州市人民检察院、上级司法机关包括最高人民检察院以及相关政法机关多次提交取保候审申请书、羁押必要性审查申请书、情况反映等法律文书。尤其是本案发回重审之后久拖不决，对满增志的羁押时间超过 4 年之后，笔者根据 2016 年 7 月 11 日印发的《最高人民检察院刑事执行检察厅关于贯彻执行〈人民检察院办理羁押必要性审查案件规定（试行）〉的指导意见》第 28 条（人民检察院对于"犯罪嫌疑人、被告人被羁押已满 4 年，可能形成久押不决的案件，可以向办案机关提出释放或者变更强制措施的建议"），以本案被告人满增志被羁押已满 4 年，本案诉讼代表人长期无法确定，可能形成久押不决的案件为由，继续加强取保候审、羁押必要性审查申请力度，并同时提请上级司法机关进行法律监督。

本案拉锯一年有余之后，德州市中级人民法院以被告单位破产管理人作为诉讼代表人，终于确定庭审日期。但在正式开庭之前，由本案审判长，同时也是该院主管刑事审判的副院长亲自接待辩护人，听取辩护人对本案的庭前意见。利用这一机会，我推心置腹地向副院长及承办法官阐述了本案从实体上不构成犯罪的理由以及满增志、辩护人的坚决态度，鉴于本案涉嫌的仅是经济犯罪，满增志完全符合取保候审条件，因此强烈要求人民法院先行对满增志变更强制措施为取保候审。如此，对于满增志合法权益的保障自不必说，即使对于人民法院审慎处理这一涉民营企业、民营企业家的案件，也有进退的空间。副院长及承办人虽未当场表态，但我看得出，他们已经耐心、细致地听取了辩护人的这一意见，对此势必会慎重考虑。另外，在 2019 年 3 月 20 日庭审结束之际，辩护人当庭再次提请人民法院对满增志先行取保候审，并于庭后提交书面申请书，以维护满增志的合法权益。

"千淘万漉虽辛苦，吹尽狂沙始到金。"前期如此扎实的取保候审申请工作，加之庭审过程中的激烈辩护，使得法庭认识到本案的确存在证据、事实和法律适用的重大问题，于是在 2019 年 4 月 9 日——满增志被羁押 4 年 6 个月的时间节点上——对满增志变更强制措施为取保候审。满增志 4

年半的牢狱生涯终于挨到了尽头，他重新呼吸到了久违的自由空气。

专博并举　从刑事法律到司法会计

在办理经济犯罪案件的过程中，司法会计鉴定意见往往是案件的核心证据之一，本案中亦不例外。在原一审阶段，公安机关委托了当地一家会计师事务所对巨嘴鸟公司在案发前是否资不抵债进行了"司法鉴定"，以证实满增志明知公司丧失偿债能力，进而认定其主观上具有非法占有目的。本案发回重审之后，公诉机关向满增志重新送达了合同诈骗罪、诈骗罪的起诉书及追加起诉决定书，并针对满增志主观上具有非法占有目的这一要件，要求公安机关另行委托具有法定资质的权威司法鉴定机构对巨嘴鸟公司是否存在资不抵债的情况重新进行司法会计鉴定。

社会公众对于刑事辩护律师的直观认识往往是在法庭上慷慨陈词的形象，但实际上这个职业更注重"功夫在诗外"的要求。在此前的文章中，我说一名优秀的刑辩律师首先要是一位优秀的"心理大师"，也就是说一名优秀的刑辩律师，要做到"既专且博"，即除了刑法、刑事诉讼法的专业知识之外，还需要具有多元的知识结构。比如在办理非法采矿类刑事案件中，必须要了解采矿类的专业知识；在办理税务刑事案件中，必须要了解税务类的专业知识。同样，在办理经济犯罪案件时，必须要了解司法会计类的专业知识。

在满增志涉嫌合同诈骗罪、诈骗罪一案的办理过程中，我通过既往知识积累、自行学习以及请教业内专家，对公诉机关出示的司法会计鉴定发表了翔实的专业质证意见。比如，因鉴定意见书中所载鉴定检材均为巨嘴鸟公司各年度的部分财务资料，辩护人认为在未取得完整检材的情况下，鉴定机构及鉴定人无法得出客观、真实、有效的鉴定意见；甚至依据《司法鉴定程序通则》第15条第（2）项的规定，提出在检材不足的情况下，鉴定机构根本无权受理鉴定。再如，针对鉴定意见书中所载鉴定事项为"对巨嘴鸟工贸有限公司2014年1—9月是否存在资不抵债情况进行司法鉴定"，辩护人认为"资不抵债"是时点概念，而"2014年1—9月"是期限概念，因此公安机关委托的鉴定事项不可能完成，明显超出司法鉴定机构的鉴定能力，依据《司法鉴定程序通则》第15条第（5）项的规定，鉴定机构同样无权受理。再如，鉴定意见书中明确"由于巨嘴鸟公司没有建立小麦与面粉库存台账，导致2014年9月30日无法核实面粉与小麦库存的实有数额"，换言之鉴定人未将巨嘴鸟公司的全部库存计入资产；加之鉴定机构未将巨嘴鸟公司的商标、专利等无形资产计入，势必导致巨嘴鸟公司资产数据失实，造成鉴定意见不客观。对于鉴定意见书中存在的各种问题，辩护人拟定了详细的向鉴定人发问提纲，鉴定人在法庭上被问得张口结舌。

上述种种，除了要求律师具有专业的司法会计知识之外，还要求律师潜心阅卷、认真核对。比如，辩护人在审查鉴定意见时，发现鉴定人制作的一张"巨嘴鸟公司人物关系图"中，下方显示"贺金金（刘健之妻）"负责银行转账业务，但是在案卷中从未有上述二人的证人证言，也从未有人提及该二人。经辩护人向满增志核实，巨嘴鸟公司确无贺金金、刘健二人。在咨询业内专家时，专家称这种情形的出现，不排除鉴定人在制作关系图时援引了其他鉴定意见书的模板，但未将其他案件的信息完全删除，以至于出现了这一司法笑话。在2019年3月20日庭审之后，鉴定人针对笔者在庭审上的发问及质证意见，补充提交了一份书面情况说明，承认了这一错误。

针对本案质证意见中存在的诸如司法鉴定意见中对于巨嘴鸟公司对外借款无中生有、重复计算以及对已偿还部分未予核减等问题，由于篇幅所限，在此不再赘述。除实体性质证意见之外，我还注意到公安机关未依照《刑事诉讼法》第148条的规定将全部鉴定意见送达给被告人及所谓的"被害人"，属严重程序违规。

最后，辩护人当庭总结发言时指出：本案在原审程序中的鉴定意见，鉴定机构及鉴定人不具有鉴定资质；发回重审之后，公诉机关补充的鉴定意见除完善了鉴定机构及鉴定人资质问题之外，鉴定意见不具有客观性、合法性的问题仍然存在，属于典型的"新瓶装旧酒""换汤不换药"，不应作为定案依据。人民法院经过审理、评议后认为辩护人的上述意见成立，完全予以采纳。

四罪全无　从山重水复到绝处逢生

当下的刑事辩护环境虽然日臻完善，但从绝对意义上说，仍然具有较大的提升空间。错案追究、司法责任、国家赔偿，这些良好的制度设计一方面预防着错案的发生，另一方面却也在错案发生之后阻碍着错案的纠正。因此我们可以看到，刑事追诉的齿轮一旦转动起来，叫停它往往需要巨大的责任担当与使命精神。作为私权利的代表，刑事辩护律师肩负着当事人对财产、自由甚至生命的希冀，我们无法将上述希冀转望于他人，因此更需要有宏大的设计、周详的考虑、清晰的思维、扎实的功底、敬业的精神、丰富的经验，心中住得下猛虎，鼻尖嗅得到蔷薇。

本案中，公诉机关指控的合同诈骗罪、诈骗罪，原审程序中人民法院判决认定的骗取贷款罪，重审程序中人民法院释明的非法吸收公众存款罪，最终此四罪全无。首先应当感谢的是中央对于民营企业、民营企业家的利好刑事政策；其次应当感谢德州市司法机关尤其是德州市中级人民法院对本案的依法、审慎处理；最后还应该感谢的是满增志及其家属。无罪判决之后，满增志自然难掩感激之情。我却认为，与其说是我们成全了满增志，不如说是我们与满增志之间的相互成全——是他们的信任与坚持感染着我们、鼓励着我们，在这条荆棘遍布的刑事诉讼之路上矢志不渝地前行，并终于在绝处逢生，在希望中开花结果。

我将一如既往、一以贯之地践行和维护法律精神，涉湍流不避艰险，致良知匡正大义。守护初心，也守护好当事人的合法权益。这是我职业的使命，也是我生命中永不磨灭的信仰和追求。

评析

"马拉松式"的诉讼并不少见，少见的是司法机关因法律适用即罪名认定问题导致的"马拉松式"的诉讼。涉案的巨嘴鸟公司以及满增志，先是因倒贷被指控诈骗罪和合同诈骗罪，一审法院变更罪名为骗取贷款罪；案件上诉并被发回重审后，一审法院就非法吸收公众存款罪听取律师意见，作出了无罪判决；检察机关以骗取贷款罪和非法吸收公众存款罪提出抗诉，省检察院公诉时仅指控骗取贷款罪，最终山东省高级人民法院作出维持全案无罪的裁定。从该案罪名的反复变化可以看出，司法机关内部对于案件定性也是存在巨大争议的。

满增志案的这种"马拉松式"诉讼，表面上看是程序问题，实质上是"客观归罪"的实体问题。满增志案的提起本身就是因司法机关陷入了以结果为导向的"客观归罪"思维，忽视了真正的犯罪构成要件，导致评价罪与非罪、此罪与彼罪时边界模糊，指控、裁判罪名一再变化。对该案几起事实的认定都存在这种思维倾向：比如巨嘴鸟公司因事后无法兑付粮款而先后被认定构成诈骗罪、非法吸收公众存款罪；因无法偿还贷款而先后被认定构成合同诈骗罪、骗取贷款罪。司法机关将无法兑付、无法还款的后果直接作为上述罪名的构成要件予以考量，是为客观归罪，不当扩大了处罚范围。

该案发回重审二审程序中，法院认定巨嘴鸟公司不构成骗取贷款罪，既是辩护的极大成功，也是裁判说理的极大进步。司法实践中，只要行为人的申报材料中有虚假内容，司法机关通常就不加区分地将其认定为骗取贷款罪。实际上，关于骗取贷款罪中的"欺骗手段"的认定，不能理解得过于宽泛，必须是行为人在申请贷款时提交的虚假材料构成了金融机构发放贷款的"重要事项"或"关键材料"。在满增志案中，二审法院采纳了律师的辩护意见，详细阐明了骗取贷款犯罪构成要件，尤其是分析了"欺瞒"的要素和罪名构造，不再仅凭贷款材料虚假就认定犯罪，甚至直接对《刑法》第175条之一进行了法律解释："就是借款人实施了欺骗行为，使得相关银行工作人员陷入认识错误，并在认识错误的基础上决定向借款人发放贷款，借款人因而取得贷款，并给银行造成重大损失或者有其他严重情节。"

这样的法律解释在裁判文书中是很罕见的，可以说是司法机关裁判文书说理上的极大进步。当然还值得关注的是，《刑法修正案（十一）》提高了骗取贷款罪的入罪门槛，删去了《刑法》第175条之一原来的"或者有其他严重情节"的规定。也就是说，即便行为人实施了骗取贷款的行为，但只要未给银行造成重大损失，就不认定为犯罪。避免司法机关通过"其他严重情节"不当扩大处罚范围。

可以看出，辩护律师对无罪结果起到了关键作用。优秀的刑辩律师不仅要对法律规范倒背如流，还要对刑事诉讼程序的时机有成熟的把握，对刑事诉讼程序背后的实践流程足够熟稔。比如辩护律师在二审中及时提出一审程序存在瑕疵，争取发回重审，避免陷入二审普遍维持原判的制度僵局中。同时在庭外积极与承办人沟通，向最高人民法院和最高人民检察院反映情况，扩大辩护的深度和广度，为最终的无罪裁判创造条件。这反映的是正确的辩护意见应当在什么时候提出、以什么样的方式提出，甚至积极利用程序性辩护为实体辩护创造"辩护阵地"，这也是无罪辩护成功的关键，是真正属于专业刑辩律师的职业壁垒。

一次投资三项罪名　两度无罪终获自由

褚中喜　冯　力

回顾

　　一次投资，却引来三项罪名；907 天羁押，所幸终获无罪。

　　孙瑞杰是 1956 年生人，案发时任内蒙古绿蒙国泰房地产开发有限公司（以下简称绿蒙国泰公司）法定代表人、执行董事，也是湖北省安陆市人大代表。他 1976 年参加工作，曾任乡镇党委书记。辞去公职后，孙瑞杰下海经商，小有成就。

　　2013 年，有朋友向他提议，国家对边疆地区有政策倾斜，在那里创业可能有一些税收优惠。孙瑞杰经实地考察后觉得确实可行，决定投资呼和浩特市绿蒙啤酒厂地块这一房地产建设项目的合作开发。

　　绿蒙国泰公司成立于 2013 年 4 月，股东为邹小华、谭国忠、刘金全，这三人也是孙瑞杰案的报案人。同年 8 月，孙瑞杰与绿蒙国泰公司签订项目合作合同，约定孙瑞杰负责筹集绿蒙啤酒厂地块项目改造所需资金 1.2 亿元，占绿蒙国泰公司股权的 52%，孙瑞杰任公司法定代表人。先期投资 5000 万元在新法人依法注册后 5 日内到账，剩余款在土地摘牌时全额到账。

　　2013 年 8 月 19 日至 10 月 17 日间，孙瑞杰及其控制的公司打入绿蒙国泰公司账户 5150 万元，其中的 5000 万元缴付给呼和浩特市土地收购储备拍卖中心。

在经营过程中，谭国忠、刘金全等几个小股东联合在一起，争夺公司控制权，欲将孙瑞杰扫地出门。具有一定人脉资源的小股东开始布局，欺骗、利用司法公权力，对孙瑞杰进行构陷。

✳ 案件

2015 年 12 月，呼和浩特市回民区公安分局以涉嫌拒不支付劳动报酬罪对孙瑞杰立案侦查，采取网上追逃措施并跨省抓捕。

2016 年 7 月 1 日，回民区公安分局以"主体不适"为由作出撤销案件决定。释放的当天，孙瑞杰还没有走出看守所，又因涉嫌职务侵占罪被回民区公安分局刑事拘留，2016 年 8 月 2 日，被执行逮捕。

2016 年 9 月 29 日，回民区公安分局侦查终结，最终以孙瑞杰涉嫌挪用资金和职务侵占两罪，向回民区人民检察院移送审查起诉。经过审查，回民区人民检察院于 2017 年 4 月 17 日向法院提起公诉，认为孙瑞杰构成挪用资金和职务侵占两罪，应当数罪并罚，并提出 8～9 年量刑建议。

起诉书指控：被告人孙瑞杰在担任绿蒙国泰公司法定代表人、执行董事期间，未经其他股东同意，将公司的钱分别挪用给其妻子张建英、弟弟孙瑞剑的公司。

2015 年 11 月 24 日，孙瑞杰未经其他股东同意，利用职务上的便利，让弟弟孙瑞剑将绿蒙国泰公司的一辆价值 6 万元的小型普通客车过户给王万全，抵偿孙瑞剑所欠王万全工程款 11 万元。

2015 年 1 月至 2 月期间，被告人孙瑞杰让孙超从自动取款机取走绿蒙国泰公司 296500 元资金，归其个人占有。

检察院认为，被告人孙瑞杰利用职务便利，挪用绿蒙国泰公司资金，数额达人民币 885 万元，数额巨大，应当以职务侵占罪追究其刑事责任。

认定上述事实的证据如下：书证，证人证言，被告人的供述与辩解，估价鉴定结论书，视听资料。

当地律师劝导孙瑞杰，"识时务者为俊杰"，认罪认罚。孙瑞杰在某中级人民法院任法官的儿子认为父亲无罪，并委托褚中喜律师为其父亲作无罪辩护。

经律师的奔波努力，2018 年 5 月 25 日，呼和浩特市回民区人民法院判决孙瑞杰无罪，同日孙瑞杰被取保候审。

宣判后，呼和浩特市回民区人民检察院提出抗诉，2018 年 8 月 9 日，呼和浩特市中级人民法院裁定撤销原判，发回回民区人民法院重新审判。

2018 年 12 月 24 日，回民区人民法院重审判决，在原有证据几乎无变化的情况下，采纳了律师部分辩护意见，否认了量刑最重的职务侵占罪的指控，没有支持公诉机关的 8 ～ 9 年的量刑建议，但仍以挪用资金罪判处孙瑞杰有期徒刑 3 年。同日，孙瑞杰被逮捕。

孙瑞杰不服提出上诉，二审开庭审理，辩护人坚持无罪辩护意见，理由如下。

一、本案属利用司法公权力对民营企业家构陷的典型案例

（一）为掩盖非法立案一错再错，对投资人孙瑞杰进行构陷

报案人邹小华、谭国忠、刘金全与孙瑞杰同为绿蒙公司股东，为了排挤、侵吞孙瑞杰资产，他们利用公检法等司法公权力，对支援当地经济建设、投资 5500 万元的孙瑞杰进行司法迫害。而所谓的报案人谭国忠、刘金全通过"空手套白狼"的方式骗得孙瑞杰的投资，在至今对绿蒙公司"一毛不拔"的情况下，反以支付拆迁补偿款等借口从绿蒙公司拿走 600 余万元。除此之外，他们还玩弄"贼喊捉贼"的把戏，通过刑事报案的手段，意图侵吞、霸占孙瑞杰的投资。

从回民区公安分局于 2015 年 12 月对孙瑞杰以涉嫌拒不支付劳动报酬

罪立案侦查并采取网上追逃措施开始，至 2018 年 5 月 25 日回民区人民法院以"（2017）内 0103 刑初 100 号"刑事判决（以下简称"100 号判决"）判处孙瑞杰无罪，其已被非法羁押长达两年之久。公诉机关抗诉后，呼和浩特市中级法院以"回民区检察院提交了新的证据，可能影响案件的事实认定，需进一步查证"为由将此案发回重审。

（二）证据并无实质性变化，合议庭绕开审委会，从无罪到有罪

重审一审中，在证据并没有发生实质性变化的情况下，合议庭绕过审判委员会作出了"（2018）内 0103 刑初 247 号"刑事判决（以下简称"247 号判决"），以挪用资金罪判处孙瑞杰有期徒刑 3 年，同日将其再次逮捕并予羁押。对比"100 号判决"与"247 号判决"不难发现，在证据方面，"247 号判决"除了增加证人李伯平等没有任何"新意"的"老调重弹"的证言之外，其余证据基本没有任何变化，且"247 号判决"并未提及李伯平等的证言对查明事实、定罪量刑有何作用。

"100 号判决"审理时间长达一年零两个月，历经 6 次开庭，最后经原审审判委员会讨论后认定孙瑞杰无罪，可以说原合议庭和审判委员会坚守住了司法正义的最后一道防线。可"247 号判决"却在仅开庭一次，且证据方面基本没有任何实质性变化的情况下，得出了与"100 号判决"截然相反的结论。这绝不可能是审判长及审判员的认识理解问题。相较于 71 页的"100 号判决"，仅 43 页的"247 号判决"除了罗列证据外，根本没有体现证据对认定事实、定罪量刑的任何证明作用。

（三）江必新副院长掷地有声的讲话与本案息息相关

2019 年 3 月 12 日，第十三届全国人民代表大会第二次会议第三次全体会议结束后，在记者招待会上，最高人民法院党组副书记、副院长江必新在接受媒体的集中采访中说道，去年以来，最高人民法院根据中央部署和习近平总书记在民营企业座谈会上的讲话精神，加大纠正冤错案件的力

度。张文中案是一个标杆性的案件，下一步将进一步加大力度，纠正冤错案件。

第一，在统一裁判理念上狠下功夫。要坚持罪刑法定原则，凡是刑事法律没有规定为犯罪的，一律不得作为犯罪追究。要坚持疑罪从无原则，凡是证据不足、事实不清的案件，一律作无罪处理。要坚持证据裁判原则，严格实行非法证据排除规则，对证据不足的不能认定为犯罪。

第二，在划清罪与非罪的界限上加大措施，紧盯三类案件：第一类是合同诈骗罪、挪用资金罪、职务侵占罪和与民营企业家相关的罪名；第二类是异地创业、异地投资等存在"主客场"问题的案件；第三类是因为政府换届、领导更换而发生的案件。对这些案件，将认真进行排查，坚决划清罪与非罪的界限。

本案中，孙瑞杰从千里之外的湖北省安陆市到内蒙古呼和浩特市投资，投入真金白银5500万元，本案正是江必新副院长讲话中的"异地创业、异地投资等存在'主客场'"的案件，更是江副院长所称的"对民营企业家像'魔咒'一样的'挪用资金案'"。而且本案也完全符合江副院长所要求的"要坚持疑罪从无原则，凡是证据不足、事实不清的案件，一律作无罪处理"。

二、原判认定的事实无法自圆其说，属于主观臆断

就本案指控的所谓挪用资金的行为，公诉机关必须证明：每一笔犯罪是否为孙瑞杰实施或安排；涉案资金是归本人或者其他自然人使用了，还是以个人名义借给其他自然人和单位了。对于前述事实，有哪些具体的证据能够证明？公诉机关指控的每一笔款项流动，均发生在公司之间，在现有证据条件下，无公司账簿可查，如果接收款项的浩瑞公司或楚雄公司内蒙古分公司没有证明任意一笔款项为孙瑞杰或其他自然人借用公司账户收款，那么"归本人或者其他自然人使用"的说法就不能成立。

在案的合作经营合同、聘书、聘用合同等书证，孙瑞杰的辩解，邹小华、陈瑞平的部分证言证实：2004年7月之后，绿蒙公司财务管理权掌握在邹小华手中。其担任绿蒙公司总经理，掌管绿蒙公司包括财务管理权在内的日常经营管理权，唯有邹小华可以支出绿蒙公司的资金。

绿蒙公司原出纳孙超在一审庭审时亦当庭证明每一笔"挪用资金"行为，均系邹小华安排或批准绿蒙公司支出后，由其实施。尽管邹小华和陈瑞平作出了一些不利于孙瑞杰的证言，诸如没有签字借款给孙瑞剑、没有安排支付拆迁款等，但这些说法与孙瑞杰的辩解、经办人孙超的证言相冲突，在无其他证据佐证的情况下，应当认定为事实不清、证据不足，即公诉机关无法证明每一笔款项的发生究竟是孙瑞杰签批还是邹小华签批。

证人孙瑞剑在原一审中当庭证实："我于2014年9月向绿蒙公司借款100万元，此笔借款是邹小华签字同意的，孙瑞杰事后才得知此事。""47号判决"认定孙瑞剑向绿蒙公司借款100万元，既然法官采信了孙瑞剑的证言，却只采信其借款的部分，而不采信邹小华签批的部分，明显是对同一证据的选择性采信。辩护人手上持有一份该"借款单"复印件，时间为2014年9月6日，邹小华签批了"同意借款"四字，并有亲笔签名。如果该笔款项存在"挪用"，那挪用的主体也应当是邹小华，而绝非孙瑞杰。

证人孙瑞剑作为楚雄公司内蒙古分公司的负责人当庭进一步证实：100万元中有84.5万元系绿蒙公司直接转账至楚雄公司内蒙古分公司后，由孙瑞剑支取，剩余15.5万元由绿蒙公司现金交付。

除上述84.5万元外，其余由绿蒙公司转入楚雄公司内蒙古分公司的款项，均为绿蒙公司借用楚雄公司内蒙古分公司账户提现，而非借贷给楚雄公司内蒙古分公司或孙瑞剑个人使用。

最高人民法院对张文中改判无罪的判决中，在"挪用资金"部分第（1）项明确指出："在案书证显示，涉案资金均系在单位之间流转，反映的是单位之间的资金往来，无充分证据证实归个人使用，挪用资金罪不能成立。"而本案原判和公诉机关的表述均为"挪用给张建英的湖北浩瑞实业有限公司"（第二、第三起）或"挪用给孙瑞剑的湖北楚雄建筑工程有限公司内蒙古分公司"（第四至第八起）。可见，这些资金流动本身都是对公账户转对公账户，但原审和公诉机关故意将个人与公司两个不同的主体混为一谈，在浩瑞公司前面刻意加上"张建英的"，在湖北楚雄建筑工程有限公司内蒙古分公司前面故意加上"孙瑞剑的"。

三、本案必须重视的对定性具有重大影响的几个问题

（一）绿蒙公司建行尾号 2586 的账户基本没有现金支取

绿蒙公司建行尾号 2586 的账户（以下简称 2586 账户）流水，是公诉机关指控和"247 号判决"对孙瑞杰定罪的主要依据之一。但 2586 账户流水显示，该账户基本没有现金支取。那么绿蒙公司在日常经营过程中必要的支出是通过何种方式进行呢？证人邹小华、陈瑞平均证实，绿蒙公司以现金方式发放员工工资。绿蒙公司当时有员工约 20 人，按照人均月工资 5000 元计算，每月应付工资 10 万元。

绿蒙公司每月水电费、餐饮费、差旅费、房租、车辆使用等费用又是如何支出的呢？事实上，证人孙超当庭作出过说明：因绿蒙公司作为房产开发企业，经常面临大额现金支出，但 2586 账户每日现金支取或向自然人转账不得超过人民币 5 万元，故绿蒙公司采取过利用浩瑞公司、楚雄公司内蒙古分公司账户过账取现的方式提取现金，再存入孙超建行尾号 8789 的个人账户（以下简称孙超 8789 账户）；或逐日由绿蒙公司的 2586 账户向孙超 8789 的个人账户转账，最后通过孙超个人的 8789 账户支出绿蒙公司相关业务费用。

也就是说，绿蒙公司存在利用浩瑞公司、楚雄公司内蒙古分公司账户过账提取现金及利用孙超个人账户存放库存现金的行为。以上事实，证人孙超当庭证实过，在案的孙超 8789 账户银行流水也能证实。

比如，"247号判决"所认定的"挪用资金"第八笔："2015年8月25日，孙瑞杰让绿蒙公司财务人员将公司的65万元，挪用给孙瑞剑的楚雄公司内蒙古分公司。"证人孙超在原审开庭时当庭证明：2015年8月25日，时任绿蒙公司总经理邹小华批准支付拆迁户茅委娟等人拆迁补偿款，因绿蒙公司基本账户单日向自然人转账不能超过人民币5万元，故孙超利用楚雄公司内蒙古分公司账户提现65万元后用于支付拆迁补偿款。

在案的孙超8789账户流水显示：2015年8月25日，该账户分两笔现金存入30万元、35万元，并于当日分别向茅委娟、王若云、石晶凤、顾福旺、王立华转账222600元、107173元、110978元、107173元、107173元，共计655097元。充分证明了证人孙超、孙瑞剑证言的真实性，也证明"247号判决"对该笔资金性质的认定完全背离事实。

（二）邹小华存在利用绿蒙、楚雄、浩瑞公司套现的行为

对于邹小华的北京蓝天公司是否存在利用绿蒙公司2586账户过账的行为，"100号判决"作出认定："……不排除他人从内蒙古绿蒙国泰房地产开发有限公司银行账户向湖北楚雄建筑工程有限公司内蒙古分公司转账的可能性。"

再如，"247号判决"所认定的"挪用资金"第七笔："2015年6月12日，孙瑞杰让绿蒙公司财务人员将公司的20万元，挪用给孙瑞剑的湖北楚雄建筑工程有限公司内蒙古分公司。"在案的绿蒙公司2586账户流水显示：2015年6月9日08∶54∶28，该账户余额为10886.3元。2015年6月9日，该账户收到北京蓝天公司转入两笔款项10万元、25万元，备注分别为"防水工程款"和"工程款"。

事实上，证人孙超在原审开庭时当庭证明：此笔款项系时任绿蒙公司总经理邹小华安排其帮助北京蓝天公司利用绿蒙公司账户过账取现。绿蒙公司2586账户流水显示：2015年6月9日、6月12日，该账户分别转至孙超8789账户49999元、5万元和5万元，6月12日转至楚雄公司内蒙

古分公司 20 万元，以上共计 35 万元，即北京蓝天公司完成利用绿蒙公司账户过账提现的行为。

类似行为，北京蓝天公司做过多次，在案的绿蒙公司 2586 账户流水就能证实。至于北京蓝天公司利用绿蒙公司 2586 账户提现后的 35 万元的走向，虽与本案无关，但孙超 8789 账户流水也基本上能够证实：2015 年 6 月 9 日，该账户支取现金 25 万元，2015 年 6 月 12 日该账户存入现金 199850 元后，于当日转账至欧阳洪仁 20 万元、邹坤 10 万元。

（三）"还款说明"符合证据三性原则，效力必须得到确认

辩护人在原审向法庭提交的由绿蒙公司财务主管陈瑞平手写、经手人孙超签字的"还款说明"真实合法有效，能直接证明案件基本事实。理由一，孙超 8789 账户流水证实：2014 年 7 月 17 日，该账户收到浩瑞公司转入 50 万元，这就与"还款说明"记载的"同时公司向孙瑞杰借款 50 万元"相互印证，证人孙超当庭也证明了"还款说明"记载的内容属实。至于孙瑞杰留存"还款说明"原件，是因为孙瑞杰借了 50 万元给绿蒙公司，但绿蒙公司没有开具收条。

（四）原判认定的 126 万元和 20 万元挪用行为不能成立

起诉书第三笔涉及的绿蒙公司转给浩瑞公司的 126 万元，"247 号判决"将"100 号判决"中"不能排除……的可能性"，认定为"……转给浩瑞公司的 146 万元，发生在此合作协议后公司账户转账收投资，故此 146 万元构成挪用资金罪，且未退还"。也就是说，"247 号判决"认定孙瑞杰"收回投资款"的行为构成挪用资金罪。且不论"247 号判决"是如何将"100 号判决"所不能排除的可能性认定为事实，其认定的这起所谓犯罪也明显违背常识。既然认定是"收回投资款"的行为，那就不可能符合"挪用"的构成要件。更何况，也不能排除这个"收回"是邹小华批准的以退还借款为方式的孙瑞杰被动收回投资款的合理怀疑。

不论是按照"247 号判决"所认定的这 126 万元为孙瑞杰收回投资款，还是依据"还款说明"载明的绿蒙公司归还孙瑞杰借款，孙瑞杰都不可能构成犯罪。并且上述两种说法并不矛盾，理由如下。

孙瑞杰于 2014 年 6 月 22 日与邹小华签订《项目合作经营合同书》，孙瑞杰依合同将其 20.8% 的股权转让给邹小华，邹小华担任隐名股东，孙瑞杰同时将其对绿蒙公司所承担的部分权利和义务让渡给了邹小华。邹小华向绿蒙公司转入 400 万元在前，其已履行了本应由孙瑞杰承担的筹措 76 万元流动资金的义务，孙瑞杰被动"收回"其向绿蒙公司的 76 万元"投资款"并不违反刑法任何条款。

从会计角度看待上述事件，绿蒙公司注册资金只有 3000 万元，孙瑞杰彼时向绿蒙公司投入的资金约为 5500 万元，包含部分未经公司账户的现金支出，远大于注册资金，这笔所谓的收回"投资款"，只能是公司归还其向孙瑞杰的借款。

针对上述事实，在案证据已形成完整的证据链条，足以充分证明。除此之外，"247 号判决"也未能排除邹小华利用绿蒙公司账户向孙瑞杰支付股权转让款或其他款项的合理怀疑。至于起诉书第二笔所涉及的绿蒙公司转给浩瑞公司的 20 万元。首先，在案证据并不能证明该笔转账系孙瑞杰授意或实施。其次，不能排除绿蒙公司向孙瑞杰归还借款的合理怀疑。最后，此笔转账发生后的第二天，浩瑞公司即向孙超个人账户转款 20 万元，结合绿蒙公司的财务管理实际，不能排除邹小华安排孙超利用浩瑞公司账户过账后支取现金的合理怀疑。

四、本案资金走向和性质十分清楚，不属于挪用

依司法实践，证据确实充分，一般需要具备以下条件：所有犯罪主客观要件已有证据证实；已查明的证据和待证事实之间具有必然的内在联系；证据得出的结论只能唯一，不能有其他的解释或可能。《刑事诉讼法》第

53 条第 2 款对此作了进一步的规定："证据确实充分，应当符合以下条件：（1）定罪量刑的事实都有证据证明；（2）据以定案的证据均经法定程序查证属实；（3）综合全案证据，对所认定事实已排除合理怀疑。"

但是具体到本案而言，仍存在如下问题。

（一）双控账户资金所有权不属于绿蒙公司

挪用资金罪，侵犯的客体是公司的资金所有权，如果挪用的不是公司的资金，则无所谓挪用的问题，而是资金所有权人之间的经济纠纷。尾号 3436 的银号账户，是绿蒙公司和邹小华的双控账户，里面的资金是邹小华的履约保证金。该事实有施工协议书、邹小华的当庭陈述、账户预留印鉴印模存根、博达公司的汇款凭证等证据充分证实。

《最高人民法院关于适用〈中华人民共和国担保法若干问题的解释〉》第 85 条规定："债务人或者第三人将其金钱以特户、封金、保证金等形式特定化后，移交债权人占有作为债权的担保，债务人不履行债务时，债权人可以以该金钱优先受偿。"依上述规定可以看出，双控账户里的资金属于质押形式，资金虽在绿蒙公司名下，但所有权仍然属于出质人邹小华，而不是质权人绿蒙公司。可见，双控账户中的履约保证金不属于《刑法》第 272 条第 1 款规定的"本单位资金"，即犯罪客体不存在。

（二）原判认定的第二笔 20 万元和第三笔 126 万元应属还款性质

此两笔款项共 146 万元，属于绿蒙公司对孙瑞杰的个人还款。2013 年 9 月，孙瑞杰根据与谭国忠签订的投资合作协议之约定，将第一笔投资款 5000 万元汇入绿蒙公司账户，随之缴付至呼和浩特市土地收储中心。但为了绿蒙公司的正常运行，公司又临时向孙瑞杰借款 500 万元。可见，原判认定的第二笔 20 万元和第三笔 126 万元实际上是绿蒙公司对孙瑞杰的还款。

其一，绿蒙公司银行账户明细上对孙瑞杰的借款有据可查；其二，报案人谭国忠的妹夫兼会计陈瑞平在银行账户明细上手写"股权转让款"和

"不详"；其三，陈瑞平手写的"还款说明"载明："2014年7月16日，公司还孙瑞杰126万元，同时公司向孙瑞杰借款50万元，本次实际还款76万元。"

上述证据都是查有实据的书证，足以证实公司的还款行为。否则，邹小华应支付孙瑞杰的股权转让注册资本金624万元，除抵扣500万元借款外，剩余未付124万元则无法自圆其说，会成为无法解开的谜团。

在原一审开庭中，对能直接证明孙瑞杰无罪的属于书证的"还款说明"，辩护人已经申请了笔迹鉴定，可以参照其认可的银行账单上注明的笔迹进行比对。银行账单中多次出现的"款"字和"还款说明"中的"款"如出一辙，即便非专业人士，也能识别为同一人所写。

（三）第四笔到第八笔挪用资金指控同样也不能成立

这五笔共计239.5万元的所谓挪用款，孙瑞杰并不知情，公诉机关也没有任何有效证据证明该笔款项系挪用。聘书、聘用合同、合作合同、邹小华陈述等证据证实，2014年7月7日之后，邹小华担任绿蒙公司总经理，实际控制公司，包括公司的经营管理权和财务控制权，也承担相应的管理责任。孙瑞杰即便想挪用，也没有职务上的便利条件。

邹小华询问笔录中也记载："在我担任总经理期间，所有支出由我管控，不可能出现挪用资金的情况。"而第四笔到第八笔所谓挪用，都发生在邹小华实际控制公司之后，孙瑞杰即便想挪用，也没有职务上的便利条件。另外，绿蒙公司经常利用楚雄分公司提现，也曾帮助施工单位蓝天公司提取备用金，财务人员在庭审时，也证明了存在这种情况。

五、原判认定的"立案侦查并不违法"与客观事实不符

"247号判决"称"谭国忠、刘金全报案后，公安机关对孙瑞杰立案侦查并没有违反《刑事诉讼法》相关规定，辩护人提出本案启动刑事侦查

程序属于滥用职权的辩护意见不予采纳"。该项认定和本案基本事实不符，应予纠正。具体理由有如下三点。

（一）以拒不支付劳动报酬罪立案是错误的开始

由于孙瑞杰和邹小华之间的纠纷，邹小华以索要工程款为名指示一干人对绿蒙公司打砸抢，又以所谓讨要民工工资为由向当地政府施压。无论依合同约定还是法律规定，民工工资都与绿蒙公司及孙瑞杰无关，是施工方北京蓝天公司的事情。但回民区公安分局却以拒不支付劳动报酬罪立案侦查。

2016 年 6 月 12 日，公安机关以拒不支付劳动者报酬罪对孙瑞杰刑事拘留。慑于国务院关于民工报酬新政，在刑事拘留 18 天后的 2017 年 7 月 1 日，公安机关被迫撤销案件，发出释放证明。不可思议的是，公安机关当天又"戏剧性"地以涉嫌职务侵占罪为由，再次对孙瑞杰刑事拘留。也就是说，公安机关为了避免因错误办案而可能面临的国家赔偿，坚决要给孙瑞杰定一个罪名，意图让前期错误办案合法化，这是本案一错再错的开始。

（二）报案造假，谭国忠和刘金全的报案笔录如出一辙

绿蒙公司股东谭国忠和刘金全各有一份报案材料和询问笔录，二者内容一样。尤其是报案笔录中的标点符号、段落安排、打印字体、纸张、错别字等，一模一样，如出一辙，有以假充真之嫌。

辩护人也注意到，在原一审的 2017 年 11 月 6 日，公诉机关要求公安机关进一步查明的 44 个问题中，第 26 个问题就是"刘金全和谭国忠的部分笔录特别相同，请侦查人员说明情况"。也就是说，公诉机关也认为这是一个不可小视的问题，但至今侦查人员并未作出任何解释。

（三）报案人谭国忠对 885 万元支出了如指掌不合情理

2016 年 6 月 7 日和 9 月 26 日，谭国忠有过两次报案，第一次是所谓

的侵占江淮牌小汽车，第二次是所谓的挪用 885 万元。银行信息查询（账户＋明细）明确载明："本查询结果仅在有权机关执行公务时使用，对银行提供的查询结果应当依法保守秘密。"可见，作为报案人的谭国忠不可能知道被查询的信息。

谭国忠的妹夫陈瑞平作为绿蒙公司财务人员，在多份笔录和开庭中，曾明确表示，其不知道绿蒙公司账册下落，对财务情况并不熟悉。而作为非财务专业人士的谭国忠更不可能知道具体的财务信息，尤其是银行提供的长达三年多的交易记录。如今谭国忠竟然对孙瑞杰所谓"挪用 885 万元"的事情了如指掌，且与公安机关最终认定金额惊人一致，完全吻合。这些财务信息的唯一获得途径就是公安机关的查询，难免让人怀疑公安机关根据授意，意图以具有"口袋罪"之称的职务侵占罪及挪用资金罪对其进行构陷。

由此可见，本案是在中央已经发布各种保护民营企业新政的大背景下，个别股东串通公安机关若干人员对孙瑞杰进行司法迫害的恶性案件，其刑事立案不是基于打击犯罪、维护市场经济秩序之目的，而是成为他人意图抢夺孙瑞杰资产的工具。原判所称"公安机关对孙瑞杰立案侦查并没有违反《刑事诉讼法》相关规定，没有滥用职权"明显与基本事实不符。

六、原判无法回避的几个问题证明孙瑞杰不构成犯罪

（一）原重审法官涉嫌和绿蒙公司存在经济往来关系

辩护人依法向法院提交的绿蒙公司中国银行呼和浩特市枫景支行账户 2013 年 5 月份的对账单证明：2013 年 5 月 21 日，该账户向户名为"张某"的自然人转账人民币 10 万元，随后，又分两次向名为"白某"的自然人转账 100 万元。彼时绿蒙公司仅有的两名股东恰是本案报案人谭国忠、刘金全，其中谭国忠担任法定代表人。

请二审查明此"张某"是否为"247 号判决"的承办人张某（二人姓

名相同），"白某"是否和原审副院长兼审判长白某某存在亲属或其他关系。孙瑞杰在某中级人民法院任职的儿子曾向原审法院举报，要求查证，但未见回复。基于此，原审承办法官张某和审判长白某某可能与报案人谭国忠、刘金全存在经济往来，如属实，若不主动释明并回避，不仅程序严重违法，更不能排除该二人与报案人谭国忠、刘金全因利益驱动而相互勾结炮制冤假错案的可能。

（二）原判要求孙瑞杰自证无罪违反刑事诉讼法基本原则

"247号判决"中提到："在案证据能够证明绿蒙公司转账至楚雄公司内蒙古分公司的事实，孙瑞杰作为绿蒙公司法定代表人，出纳孙超为其侄子、楚雄公司内蒙古分公司负责人孙瑞剑为其弟，孙瑞杰称不清楚转账的原因与目的，但也未提供证据证明以上5起转账系他人指使或审批"以及"孙瑞杰提出绿蒙公司向孙瑞剑借款的辩护意见，因借款金额供述前后矛盾，且没有提供证据予以证明，不予采纳。"由此推定孙瑞杰存在挪用行为，这是极其明显的有罪推定。

《刑事诉讼法》第51条规定："公诉案件中被告人有罪的举证责任由人民检察院承担。"第52条规定："审判人员、检察人员、侦查人员必须依照法定程序，收集能够证实犯罪嫌疑人、被告人有罪或者无罪的各种证据……不得强迫任何人证实自己有罪。"本案中，证明孙瑞杰构成挪用资金罪的责任主体是人民检察院，公检法办案人员也有义务依照法定程序收集孙瑞杰是否有罪的证据，否则罪名不能成立。而原审将该举证责任强加给孙瑞杰，要求其自证其无罪，这是明显的有罪推定。

（三）原审不尊重本案基本事实，对证据进行选择性采信

书面证据的证明力优于言辞类证据，客观证据的证明力优于主观证据，这是刑事证据采信的基本规则。而本案中，辩护人向原审法院提供的证明、说明、收据、聘书、合作协议、聘用合同、借款合同等都属于书证，尤其是 2014 年 6 月 27 日的"收据"和 2014 年 7 月 16 日的"还款说明"能直接证明孙瑞杰不构成犯罪。但原审以"'收据'虽加盖了绿蒙公司财务章，但仅有收款人，交款人不明"及"'还款说明'没有加盖绿蒙公司印章，金额没有在案银行明细对应记录，不能辨别真假"为由不予采信。

言辞类主观证据，主观色彩浓厚，尤其是证人和案件具有一定利害关系时更甚；而作为书证的客观证据，通常在案发时或案发前已经形成，不太可能更改，不受主观意识影响，一般被认为是"证据之王"。原审宁可采信与本案明显具有利害关系的报案人邹小华、谭国忠、刘金全及谭国忠亲妹夫陈瑞平等人的言辞类主观证据，也不采信作为客观证据的书证，可谓简单粗暴。

（四）对出庭检察员的几点出庭意见的反驳与澄清

其一，检察员认为孙瑞杰和邹小华私下签订的协议无效，属于主观臆断。双方签订的协议，经过两级法院审理，生效民事判决已经认定其效力，且根据该判决，公司已经办理了股权变更登记。其二，500 万元已经被原审判决认定为借款，职务侵占罪指控不成立，原公诉机关并未抗诉，出庭检察员就该部分无权说三道四。其三，本案并非账目清楚，必须正视本案账本神秘失踪和没有司法会计技术鉴定的客观事实，对于银行流水中的每一笔款项收付，原审公诉人及出庭检察员并不能给出合理解释。其四，小额贷款公司的还款，和本案无关，且原审就前述 500 万元的性质已作认定，出庭检察员的该项出庭意见，有混淆视听之嫌。

综上，现有证据根本不能证实孙瑞杰构成挪用资金罪。本案是一起借刑事侦查之名，行干预股东经济纠纷之实的案件。在从中央到地方倡导保护企业家合法权益、支持经济发展的大背景下，原重审"247 号判决"在原一审"100 号判决"已宣判无罪的基础之上，避开审判委员会，在证据没有发生变化的情况下，改判孙瑞杰有期徒刑 3 年，是对目前营商环境的严重破坏。

原一审"100号判决"能够根据疑罪从无的原则，否定两起指控，宣判无罪，非常不易，难能可贵，契合当前密集纠正涉及民营企业家冤假错案的司法趋势。作为二审法院，对原一审"100号判决"作出的无罪宣告，于情、于理、于法都应予肯定与支持，守护好公平正义的最后一道底线。对原重审"247号判决"，应当依法撤销，改判无罪。

2019年7月23日，呼和浩特市中级人民法院根据原审判决认定的事实、孙瑞杰上诉理由、律师辩护意见，经过法庭调查后作出判决。

法院认为，原判认定上诉人孙瑞杰利用职务便利，挪用绿蒙公司资金人民币385.5万元，其中100万元已退还，其余285.5万元未退还，属数额较大不退还，其行为构成挪用资金罪的证据不足。

关于原判认定孙瑞杰通过楚雄内蒙古分公司账户挪用绿蒙公司资金239.5万元的事实，经查，在案银行流水显示绿蒙公司于2014年8月19日至2015年8月期间，分5笔转入孙瑞杰弟弟孙瑞剑任负责人的楚雄内蒙古分公司账户239.5万元，该款进入楚雄内蒙古分公司之后立即被取现，其中有140万元存入绿蒙公司出纳孙超的个人账户，之后该款项部分被取现，部分转账给他人，有一笔转账经调查核实用于绿蒙公司支付拆迁费用。另外，孙超的该个人账户有绿蒙公司账户转入的大量钱款并用于支付绿蒙公司相关费用的情形，故在案既无证据证实上述转款行为的指使人是孙瑞杰，亦无证据证实上述款项系孙瑞杰个人使用，所以，原判认定孙瑞杰挪用绿蒙公司239.5万元的证据不足。

关于原判认定孙瑞杰通过湖北浩瑞公司账户挪用绿蒙公司资金146万元的事实，经查，2014年7月16日、7月22日绿蒙公司账户向孙瑞杰妻子任法定代表人的湖北浩瑞公司账户分两次转款共146万元，其中有70万元汇入孙超账户后被取现，取现后用途不明，故认定该70万元系孙瑞杰使用的证据不足。

孙瑞杰与绿蒙公司签订的项目合作经营合同书中约定："首期5000万元在新法人依法注册产生后5个工作日到位，剩余款在土地摘牌时全额到位。"现土地未摘牌，而绿蒙公司银行流水显示孙瑞杰实际转入绿蒙公司账户款为 5150 万元，绿蒙公司未给孙瑞杰出具相关收款凭证，亦未进行过结算，故孙瑞杰转入绿蒙公司 5000 万元以外资金的性质不明确。另有财务总监陈瑞平于 2014 年 7 月 16 日书写的说明称："公司还孙瑞杰款 126 万元，同时公司向孙瑞杰借款 50 万元（现金），本次实际还孙瑞杰 76 万元"，因此现有证据不能排除该 76 万元是公司偿还孙瑞杰借款的可能性，故认定孙瑞杰挪用绿蒙公司 146 万元的证据不足。

法院采纳了孙瑞杰及其辩护人提出的孙瑞杰无罪的辩解及辩护意见，依据《刑事诉讼法》第 236 条第 1 款第（3）项、第 200 条第（3）项之规定，经法院审判委员会讨论决定，判决孙瑞杰无罪。

2019 年 7 月 23 日，孙瑞杰被当庭无罪释放。被羁押 907 天后，孙瑞杰获得自由。2019 年 11 月 7 日，孙瑞杰获得国家赔偿 33 万余元。

✏️ 律师手记

遭报案人死亡威胁　仍坚持无罪辩护

褚中喜

案件背景

有人说友谊被背叛，是常见的现实。以往，孙瑞杰会对这句话嗤之以鼻，因为那时候他是企业家。可现在，他不这么想了，他曾经是那种为朋友"两肋插刀"的人，因为他知道，没有朋友的帮忙，他的事业走不到今天。可是他远没有想到，自己一位亲戚介绍的朋友，会为了一己之利插他两刀。

他跟邹小华在呼和浩特市合作，开发当地的一个商业中心。房地产行业资金回流一直很缓慢，尤其是这种涉及政府的项目。看似一片欣欣向荣的景象，其实都是开发商在背后承担着前期的资金投入。别说他们这种小公司，就连一些房地产大集团，亦是如此。

但是邹小华仅看到了表面繁华的景象，不知房地产项目运营背后的资金投入。邹小华认为孙瑞杰将公司资金据为已有，决定以此为由将其扫地出门，便联合其他股东聚众闹事。

呼和浩特市公安局回民区分局先后以拒不支付劳动报酬罪、职务侵占罪、挪用资金罪为名立案侦查，并将孙瑞杰刑事拘留。

孙瑞杰说，曾经的深信不疑，如今的物是人非。现在再提起这些事情，他整个人显得特别平静。也许是时间磋磨了孙瑞杰曾经的怒气，也许是他彻底看透了某些事和某些人，所以现在聊起案子，他从容了许多。

办案中，我们不断地同案件承办人、庭长、法院院长沟通联系，进一步陈述无罪辩护意见。为了减轻合议庭作出公正判决的压力，我们无保留地向检察机关提供了辩护词，希望检察机关能听到律师的意见。

根据在看守所会见孙瑞杰时获得的线索，我们向纪委、监察委、政法委等机关对违法办案行为进行反映，通过中国邮政速递发出 30 余份案情反映。我们也多次奔波在呼和浩特市中级人民法院和人民检察院之间，希望能够催促本案尽快作出判决，让错案得以及时纠正。

这期间，我们也接到过报案人打来的威胁电话："你必须退出本案的辩护，如果由于你的'强词夺理'最终让孙瑞杰无罪释放或取保候审，你就是死路一条！"此前，他也曾发来威胁邮件，我们没有理会，但及时向所属律师协会和主管司法行政机关以及承办法官作了案情通报。

律师如同消防队员，一旦接受委托，依法为被告人辩护，便是天职。非因法定事由，绝对不能退却，这是律师责任使然。就如同面临火灾的消防官兵，即便有牺牲的可能，也得冲进火海灭火救人。

两次无罪

回民区人民法院于 2018 年 5 月 25 日以 72 页的超长判决书，对该案件作出判决。法院认为，公诉机关指控被告人孙瑞杰犯挪用资金罪、职务侵占罪的犯罪事实不清、证据不足，指控的挪用资金罪、职务侵占罪均不能成立，法院不予以支持，判决孙瑞杰无罪。

公诉机关不服，提出抗诉，上级检察机关也支持抗诉。2018 年 8 月

9 日，呼和浩特市中级人民法院二审以"有新证据可能影响案件定性"为由发回重审。回民区人民法院另行组成合议庭对此案再次开庭审理，律师仍坚定地作无罪辩护。2018 年 12 月 24 日，回民区人民法院重新作出一审判决，虽否定了职务侵占罪指控，但仍以挪用资金罪判处孙瑞杰有期徒刑 3 年，当日对孙瑞杰再次收押。

报案人向孙瑞杰的家人和辩护律师发来冷嘲热讽和幸灾乐祸的短信，并挑拨辩护律师与孙瑞杰家属的关系，意图达到二审更换律师的目的。孙瑞杰的家属不为所动，继续委托我们为其辩护。

在这千钧一发之际，我们向被告人孙瑞杰户籍所在地的政法委去函求助，也向中共内蒙古政法委去函反映。中共湖北省政法委高度重视，派专人至呼和浩特，与内蒙古政法委联系，并得到支持和关注。在律师不能通过媒体或网络炒作案件的情况下，作为辩护律师，我们只能以案情反映的形式，期望得到上级的关注和支持。

上诉后，呼和浩特市中级人民法院高度重视，并于 2019 年 3 月 21 日对此案公开审理。

开庭后，合议庭成员又到看守所会见孙瑞杰，核实重要疑点，最终采纳了律师辩护意见及孙瑞杰上诉意见，于 2019 年 7 月 23 日作出终审判决；撤销原判，宣判无罪，并立即释放。

短暂休整后，孙瑞杰依法向原作出有罪判决的回民区人民法院和公安分局提出国家赔偿申请，要求公开赔礼道歉，而且是在全国性的媒体上公开赔礼道歉，消除影响，并赔偿非法限制人身自由的赔偿金及精神抚慰金。

2019 年 11 月 7 日，回民区人民法院作出国家赔偿决定，愿意赔偿孙瑞杰侵犯人身自由 907 天的赔偿金 28.6557 万元并支付精神抚慰金 5 万元，同时，法院认为合议庭成员已电话赔礼道歉，所以，驳回其他赔偿请求。此前，回民区公安分局作出国家赔偿申请驳回决定，认为自己不是赔偿义务机关。

孙瑞杰不服，尤其他是没有得到公开赔礼道歉，而且案件影响横跨两省区，其名誉严重受损，他已向呼和浩特市中级人民法院申请作出最终赔偿决定。同时，就回民区公安分局作出的不予赔偿决定，孙瑞杰向呼和浩特市公安局申请复议。

办案小结

根据最高人民法院和最高人民检察院发布的信息，全国无罪判决的比例在千分之一左右。更有媒体报道，十余省的无罪判决率不足千分之一。一千起案件，才出现一个无罪判决，可见，今日之无罪判决，来之不易。

此案一审宣告无罪，被告人被当庭释放，既有律师持之以恒的坚持，也有坚守司法底线的法官的秉公执法，更得益于中央密集发布的保护企业家的各种规定、得益于法治的巨大进步、得益于家属充分的信任。

评析

孙瑞杰案是一起典型的合作方利用办案机关刑事手段插手经济纠纷、诬告陷害的案件。以刑事手段插手经济纠纷背后的逻辑是办案机关的趋利性执法，以刑事手段插手经济纠纷严重干扰社会主义市场经济秩序，损害涉案人员的合法权益。近年来，中央政法委、最高人民法院和最高人民检察院等机关多次出台政策反复强调：禁止以刑事手段插手经济纠纷，要营造公平、法治的营商环境。

实践中，以刑事手段插手经济纠纷的现象屡禁不止，原因在于办案机关的选择性执法。以刑事手段插手经济纠纷与诬告陷害通常是一对"孪生兄弟"，这不仅是一种经验判断，也是一种法律判断——如果特定案件是真实的控告，即便控告人、报案人的动机不纯，也谈不上"以刑事手段插手经济纠纷"。从孙瑞杰案可以看出，正是由于报案人的不实控告，才导致了公安机关的错误立案。遗憾的是，公安司法机关在此类案件中通常会选择性执法，只"插手"他们想"插手"的案件，却不追究诬告陷害人的刑事责任。这不利于构建诚信的社会风气和市场氛围——人人都可为了实现自己的不法目的而去诬告他人。若告不成，并无损失；若告成了，则收益巨大。诬告者可谓多赢，输的是司法公信力和被诬告者的合法权益。从孙瑞杰案可以看出，对于诬告陷害的案件，不仅要坚决制止错案的产生，对查实的诬告陷害行为也应及时予以处罚。

案件实体方面，律师的辩护工作也是可圈可点。如积极查明涉案钱款流转情况以否定职务侵占罪，借张文中的裁判文书向法院提出"涉案钱款非个人使用"的意见以否定挪用资金罪等。除了就孙瑞杰被指控的罪名进行辩护，辩护人还对公安机关错误立案提出指控，对控告方"空手套白狼"的套现行为进行指控，可谓进攻型辩护。

在孙瑞杰案件中，律师不仅要面对案件压力，还要面对来自报案人的人身威胁。但辩护律师并不畏惧，可谓有胆有识。既在法庭上积极辩护，庭后也积极向承办人阐述意见，同时向纪委、监察委、政法委反映案件情况，联络到孙瑞杰原籍政法委关注案件，争取一切积极因素监督司法机关审慎办案。

最后，此案值得一提的是，孙瑞杰的亲属具有一定的法律专业素养，没有听信前律师"认罪伏法"的建议；对重新委托的辩护律师高度信任，双方目标一致，不受报案方威胁、挑拨，使律师能够全力辩护。

异地抓捕酿冤狱　律师诈骗案中案

彭逸轩　周子泉

📽 回顾

事情要从 2012 年说起。山东化工企业青州恒发化工有限公司（以下简称青州恒发）与武汉凯森化学有限公司（以下简称武汉凯森），本是业务上的上下游合作公司。青州恒发的创始人王庆军与武汉凯森的负责人奚强，因业务往来而相互熟悉。

2012 年 4 月，奚强声称自己有很强的政府关系，并以提供先进技术、协助打假、联合上市等为名，获取王庆军的信任，引导王庆军将其在青州恒发的股权作价 8500 万元，出让给武汉凯森，武汉凯森先支付 1000 万元用于工商登记变更。

同时，奚强又称为日后更好合作，诱使王庆军以 987.5 万元的价款认购武汉凯森 25% 的股权，并任命王庆军为武汉凯森的副董事长。然而，王庆军从未参与过武汉凯森的经营管理，其要求查阅账目被拒，其作为股东也从未获得任何分红。

武汉凯森成为青州恒发的唯一股东后的两年内，并未依承诺履行相关合同义务，拒不支付剩余的 7000 多万元转让款，所谓的先进技术也根本不能提供，帮助打假和上市的承诺均没有兑现，青州恒发仍由王庆军实际控制和管理。王庆军依据法律规定去信与武汉凯森解除股权转让合同，并向潍坊市中级人民法院提起诉讼。

眼看民事诉讼面临败诉风险，为抢夺青州恒发的经营权，2014 年 12 月 8 日，武汉凯森私刻青州恒发印章，企图到青州恒发开户银行占有、转移公司巨额存款。王庆军闻讯，为保全青州恒发的资金，让青州恒发财务人员周庆华、路伟将公司账上资金近 1.07 亿元陆续转至王庆军实际控制的其他公司账户，用于偿还青州恒发欠款及青州恒发日常经营活动。

双方矛盾就此升级，一场牢狱之灾正在酝酿。

☀ 案件

2015 年 1 月，武汉凯森以王庆军涉嫌职务侵占罪、诈骗等罪名为由，向青州市公安局报案。青州市公安局认为该案属于经济纠纷，不予立案。

2015 年 5 月，武汉凯森又以被害人的身份向武汉市公安机关报案。武汉市公安局侦查后于 2015 年 6 月以涉嫌挪用资金罪立案。2015 年 7 月，武汉警方赴山东，将王庆军及青州恒发财务总监周庆华、财务出纳路伟带走，后三人相继被批准逮捕。

2016 年 8 月 9 日，武汉东湖新技术开发区人民检察院（以下简称东湖区检察院）以王庆军、周庆华、路伟涉嫌挪用资金罪向武汉东湖新技术开发区人民法院（以下简称东湖区法院）提起公诉。东湖区法院受理后，认为对此案没有管辖权，将案件退回东湖区检察院。检察院收到法院退案后，将该案退回至武汉市公安局。同年 8 月 18 日，王庆军、周庆华、路伟被东湖区检察院取保候审。此时，他们三人已经被武汉警方羁押了 400 多天，青州恒发已被迫停产。

2017 年 4 月 5 日，最高人民检察院对此案管辖问题作出批复，认定湖北省检察机关没有管辖权。2017 年 6 月 21 日，东湖区检察院以犯罪地位于山东省青州市为由，将案件移送至青州市人民检察院。2017 年 7 月，青州市人民检察院受理了案件。

2018年7月20日，青州市人民检察院将该案公诉至青州市人民法院，检方指控王庆军、周庆华与路伟在2014年12月到2015年6月期间，利用职务便利，挪用本单位资金1.05亿元归个人使用。青州市人民检察院绕过青州市公安局继续起诉，再一次造成"未经合法侦查便审查起诉"的程序怪象。

起诉书指控：2014年7月14日，王庆军等人去函要求武汉凯森支付剩余股份转让款。7月26日，武汉凯森回函称其以1000万元收购二人持有的全部青州恒发股权，该1000万元股权转让款已全部支付，并办妥工商过户及公司交接手续。双方发生纠纷并产生矛盾。2014年10月21日，王庆军以武汉凯森不支付股权收购款及其他相关款项为由通知武汉凯森解除双方签订的"股权协议书"和"协议书"。武汉凯森方没有回复。

2014年12月1日，武汉凯森决定免去王庆军在青州恒发的一切职务，免去周庆华的财务经理职务，免去路伟的出纳职务，并要求王庆军交出财务章，王庆军拒不移交。武汉凯森遂于2014年12月4日在《潍坊日报》公开登报声明印章丢失作废，并于当日去青州市工商局将青州恒发法定代表人变更为刘正伟，工商局颁发了变更后的企业法人营业执照。12月12日，武汉凯森刻制了青州恒发公章、财务章、法定代表人（刘正伟）印章。

2014年12月8日至2015年6月期间，被告人王庆军、周庆华、路伟先后多次私自将青州恒发的资金转移到王庆军控制的其他公司账户上，金额共计107627232.32元。

案发后，被告人王庆军将1.05亿元资金归还至青州恒发账户，2015年12月该款被转移至武汉凯森账户，王庆军获得谅解，后武汉凯森又撤销该谅解。

检察院认为，被告人王庆军、周庆华、路伟利用职务之便，挪用本单位资金归个人使用，数额巨大，超过3个月未归还，其行为触犯了《刑法》第272条，犯罪事实清楚，证据确实、充分，应当以挪用资金罪追究其刑事责任。

王庆军的辩护人彭逸轩、周子泉，周庆华的辩护人李肖霖、程晓璐，路伟的辩护人王殿学、张继海，提出无罪辩护意见。

2018年11月21日，潍坊市中级人民法院就武汉凯森与王庆军之间的股权转让纠纷案作出判决，维持了一审法院认定股权转让协议无效的判决。辩护人将其作为又一重要的新证据正式向法院提交，其足以证明本案的法律事实已发生重大变化。因此，在上次庭前会议辩护人联名提出应撤回起诉法律意见的基础上，辩护人再次请求检察院尽快撤回对王庆军、周庆华、路伟三人挪用资金案的指控，作出法定不起诉处理，具体理由如下。

前述生效的民事判决书确认了"武汉凯森与王庆军、马曰松之间股权转让的真实价款为84899788.82元，而非1000万元"，确认了"备案的股权转让协议中约定的股权转让价款并非当事人的真实意思表示……依据《民法总则》第146条'行为人与相对人以虚假的意思表示实施的民事法律行为无效……'之规定，上述备案的股权转让协议应为无效"。

根据《民法总则》的规定，"无效的或者被撤销的民事法律行为自始没有法律约束力。民事法律行为无效、被撤销或者确定不发生效力后，行为人因该行为取得的财产，应当予以返还"。这意味着，武汉凯森因股权转让取得的青州恒发的100%股权应返还给王庆军、马曰松，武汉凯森已经实际丧失且自始不真正具有青州恒发的股东身份，双方权利义务关系还原到股权转让前的状态，即王庆军、马曰松才是青州恒发的股东，王庆军是青州恒发的法定代表人。

股权转让协议被认定为自始无效，还会产生三方面的直接法律效果。

第一，武汉凯森连所谓的间接受害人都算不上，根本无权作为被害单位去报案，也当然无权派人代表青州恒发参与诉讼，之前武汉市公安局以武汉凯森作为受害单位调取和形成的控诉证据也应归于无效。

第二，既然合同自始无效，双方就应当返还其因合同取得的财产，双方均有权重新取回其已经转让的财产。即使王庆军当时主观上是基于武汉凯森方面根本违约、合同已被解除而转走资金，但客观上实现了合同无效的法律后果，其行为仍然属于法律支持的自力救济，完全不具有违法性，当然不能构成犯罪。而且，青州恒发与淄博澳纳斯等公司之间存在真实的债权债务关系，在公司层面上，王庆军的这一自力救济行为同时也是公司间正常的还款行为。

第三，在这个生效的民事判决项下，青州恒发实际上始终就是王庆军和马曰松两个人的公司。就立法目的而言，挪用资金的罪名是为保护公司资产和其他股东投资权益而设定的。当马曰松认可王庆军等人转移资金行为的情况下，王庆军等人根本不构成挪用资金犯罪。这是因为当事人民事权利自治，没有侵犯国家、集体和他人的合法权益，本案中马曰松并没有报案。该挪用罪名不能够成立。

因此，本案的指控的逻辑和定罪的基础已不存在，继续审理本案从法律上来讲已没有意义。辩护人强烈建议青州市检察院尽快撤回起诉，做法定不起诉处理。

除此以外，本案还存在其他一系列不能够继续审理的原因。

一、本案早已被依法认定为未发现犯罪事实的经济纠纷

武汉凯森于2015年1月初向山东省公安厅报案，山东省公安厅经侦总队审查后，交由青州市公安局办理。2015年3月13日，青州市公安局认定："经过立案审查，截至目前，未发现王庆军有你单位控告的犯罪事实"，决定不予立案。武汉凯森申请复议，公安机关维持不予立案的决定。

如果武汉凯森认为该决定不符合法律规定，可以再向青州市检察院申请启动侦查监督程序来维护自己的合法权益，但它没有这样做。

上述决定已确认：第一，青州公安机关有管辖权；第二，王庆军没有犯罪事实；第三，本案属于经济纠纷。这意味着该案件已经经过了一个完整刑事诉讼程序。

这导致：第一，该案件没有其他新的法律事实不得再行提起诉讼；第二，其他地方的公安机关不能违反管辖制度立案来推翻已经定性的案件，否则将撕裂我国法律适用的统一性，带来执法的地区冲突；第三，公安机关不能以刑事手段干预经济纠纷。

二、恶意违法管辖取得的证据属于无效证据

本案犯罪地和嫌疑人居住地都不在武汉市。王庆军等人涉嫌挪用资金行为的实施地以及预备地、开始地、结束地等与涉罪行为有关的地点都是青州市和淄博市；本案被挪用资金的对象是青州恒发，而非武汉凯森，青州恒发的被侵害地、被挪用资金的实际取得地、转移地、使用地也都是在山东。因此湖北方面没有管辖权，这是显而易见的。

武汉公安机关和检察机关是在明知武汉司法机关没有管辖权的情况下，强行管辖。最终被武汉市法院拒绝受理以后，武汉市公安局仍不甘心，又增加两个罪名即职务侵占罪和隐匿会计凭证、会计账簿罪，重新移送武汉市检察院审查起诉，但并未通知辩护人。我们找到《京华时报》2017年8月1日的一篇报道说明："2016年11月10日，武汉市公安局将之前遗漏的涉嫌职务侵占罪、隐匿财务账簿、会计凭证罪连同挪用资金罪，一并移送武汉市检察院审查起诉。"武汉公安机关仍然企图强行违法管辖，直到被最高检认定湖北方面没有管辖权。

在本案开始的时候，就有辩护律师向武汉公安机关提出管辖异议，武汉方面对该案件已经被青州公安机关不予认定为刑事案件的事实均是知晓的。但这一符合事实和法律规定的意见始终不被采纳。

上述强行管辖导致了种种严重问题：

第一，公然强行违法管辖，导致立案侦查丧失合法性。

第二，对嫌疑人的抓捕和羁押违法。

第三，侦查取得的证据合法性丧失。

第四，这种违法管辖还是重复立案，违反了"一事不再理"的基本法律原则。

第五，公安机关干预经济纠纷，并将其升格为刑事案件，抓捕无罪之人。

管辖的错误可能是对法律的错误理解导致的，但辩护律师有证据证明武汉方面的违法管辖并非善意，因为：

第一，基于法律的明确规定，武汉方面应该明确地知道自己没有管辖权。

第二，武汉方面明确知道具有管辖权的青州市公安局已经审查认定该案不是刑事案件，奚强在证言中称其明确告知了武汉公安机关。

第三，武汉方面应当知道同一案件不能够重复立案，否则将导致地区之间的执法冲突，即使武汉方面认为青州市公安局故意偏袒本地企业，也应事先跟山东省公安厅进行沟通，报请共同的上级单位协调解决，而非直接强行立案。

第四，武汉凯森、奚强伙同王庆军的原辩护律师涉嫌勾结武汉公安机关及鉴定机构，进行巨额利益输送，操纵鉴定机构或公安机关修改审计报告，这样作出的鉴定意见应当予以排除。

王庆军的儿子王永刚与原辩护律师、奚强的通话录音可以证实，王永刚在原辩护律师的怂恿下，第一时间让会计将涉案款1亿余元转回至青州恒发账户，之后王庆军和武汉凯森签署完全没有公平可言的刑事和解协议，违心认罪悔罪。然而，青州恒发2015年12月7日至12月21日的账户的银行流水显示，2015年12月7日至8日，先后有7000多万元资金转至武汉凯森，另外5000多万元于2015年12月7日、12月8日、12月18日分3笔汇入了湖北楚义君律师事务所，此时鉴定意见并未正式出炉。而湖北楚义君律师事务所网站显示，该律师事务所隶属"方圆集团"，该集团名下还有武汉天意会计师事务有限责任公司，也就是作出本案审计报告的鉴定机构，该会计师事务所和楚义君律师事务所在同一地点办公，互为会员单位。据王永刚说，王庆军原辩护律师从奚强那里拿到审计报告草稿然后给他看，说奚强有关系找人修改审计报告，只要赔偿和解，还回 1 亿多元资金，再赔偿 3000 多万元损失，就找人将本案定性改为挪用。

因此，本案极为蹊跷地出现了三个不同版本的审计报告：一是王永刚从王庆军原辩护律师电脑那里拷贝的草稿，里面除了认定 1 亿多元的挪用资金，还同时认定了 6000 多万元的侵占数额及其他待查侵占事实，落款日期为 2015 年 11 月 30 日；二是王庆军等人挪用资金案卷宗中的审计报告，其中只有挪用资金的数额，落款日期为 2015 年 12 月 29 日；三是临淄市公安分局在侦办王庆军原辩护律师涉嫌诈骗一案时前往武汉天意会计师事务所取得的鉴定报告，该报告同样保留了挪用资金和侵占数额，但落款时间是 2016 年 11 月 14 日。

基于上述事实，辩护人有合理理由怀疑武汉凯森对公安机关和鉴定机构输送利益，由此产生的鉴定意见当然不能作为有效证据。

第五，武汉凯森显然不是挪用资金的侵害对象，这是显而易见的事实，但武汉公诉机关也以武汉凯森为被害单位提起公诉。

第六，在东湖区法院拒绝受理本案后，因王庆军等人的羁押期限届满，不得不取保候审，于是在最后一天竟然找了三个与被告人毫无关系、完全不认识的人为保证人，仓促取保，这种做法毫无法律依据。

第七，在东湖区法院拒绝受理本案后，武汉市公安局增加罪名再次移送，可是这两个罪名的犯罪行为地、结果地仍然是在山东，不在武汉，武汉市公安局恶意强行管辖此案已经非常明显。

以上的法律事实说明，武汉方面违法管辖的行为是故意，而非疏忽大意。

同时，违法管辖取得的证据是否具有合法性，是不可能回避的重要问题。管辖是硬性规定，违法管辖的司法机关没有立案权和侦查取证权，取得的证据也没有合法的效力。

司法机关的所有行为都必须有法律的明确授权，否则就是超越权限的运作，而超越权限的司法行为不能产生预期的法律效果。我们看到的法律规定当中，绝对没有"可以由无权管辖的地区司法机关强行管辖，且取得的证据和此后的刑事诉讼程序都是合法的"的规定。否则，管辖的相关规定就将彻底作废，毫无意义。

三、武汉凯森的股权收购涉嫌合同诈骗

本案的发生过程并不复杂。

2012 年 4 月，年利润仅仅几十万元的武汉凯森董事长奚强向王庆军许诺：第一，利用他们较硬的政府关系，帮助青州恒发打击浙江余姚某公司对青州恒发产品技术的侵权；第二，提供生产甲基丙烯醇的先进技术，使产品产量和纯度得到大幅度提升；第三，青州恒发并入武汉凯森以后，武汉凯森将在两年内上市。武汉凯森出资 8000 万元购买山东青州恒发的 100% 股权，后又以近 1000 万元的价款再将武汉凯森 25% 的股权转让给王庆军。王庆军轻信了这种所谓股权置换的方式，并于 2012 年 7 月 8 日签署了股权转让协议。后来双方经过实际清点，确认青州恒发的股权转让价款一共应是 8490 余万元。

但在具体过户股权的过程中，奚强为了逃避买方税负，在合同上仅仅写了转让款为 1000 万元，实际最终也只支付了 1000 万元。实际上，武汉凯森根本不具有并购青州恒发的实力。

武汉凯森支付的 1000 万元仅在青州恒发的账面上停留了两天，就以卖给王庆军 25.08% 武汉凯森股份为由，由武汉凯森将 1000 万元收回。两年多过去了，奚强承诺的"两年上市""帮助打假"和"提供先进的技术"的许诺都没有实现。辩方已经提供证据证明，青州恒发自己研发的生产甲基丙烯醇的酯化造化工艺远比武汉凯森提供的水解工艺更为先进，青州恒发根本从未使用过武汉凯森提供的工艺。

因此，武汉凯森、奚强相当于没花一分钱就获得了青州恒发的全部股权，这种"空手套白狼"的行为涉嫌合同诈骗。

四、本案转移资金是出于自力救济，同时也是归还公司欠款

2012 年 12 月 8 日，在王庆军已经发函依法解除股权转让合同，并向法院起诉请求确认武汉凯森不具有青州恒发股东资格的情况下，武汉凯森面临败诉风险，因此派人恶意向工商部门挂失青州恒发企业印章，变更法定代表人，并私刻公章，到银行变更预留印鉴，意图侵占青州恒发财产。周庆华得知后，向青州市公安局报案，但即便公安受理案件，也不可能马上对公司账户采取冻结措施。在这种情况下，周庆华经咨询律师后，将青州恒发的资金陆续转移至王庆军控制的澳纳斯公司等账户上。这种行为显然是出于自力救济，而非挪用目的。如果不立即采取这种措施，王庆军即便打赢了股权官司，当青州恒发的资金被掏空，只剩一个空壳时，这样的官司赢了还有什么用？

同时，青州恒发是由澳纳斯公司投资建设的，双方存在真实的债权债务关系。上述钱款除归还澳纳斯公司的债务外，其他部分用于青州恒发运营支出。青州恒发很多老员工都知道，青州恒发系澳纳斯公司垫资和垫付实物资产设立的。据周庆华称，澳纳斯公司保留着约 4000 万元为青州恒发垫付资金的原始发票和凭证，但该财务资料被武汉公安扣押后至今未移交。由周庆华、赵红梅等签字的青州恒发固定资产盘点表上，记载的青州恒发固定资产原值近 7800 万元，这些都应该视为青州恒发对澳纳斯公司的应还债务。青州恒发的注册资金只有 300 万元，其资产几乎都是淄博澳纳斯公司垫付形成。

根据 2000 年 6 月 30 日最高人民法院《关于如何理解〈刑法〉第 272 条规定的"挪用单位资金归个人使用或借贷给他人"问题的批复》，挪用单位资金归个人使用或者借贷给他人使用，是指公司、企业或者其他单位的非国家工作人员，利用职务上的便利，挪用本单位资金归本人或者其他自然人使用，或者挪用人以个人名义将挪用的资金借给其他自然人和单位的行为。根据 2010 年 5 月 7 日《最高人民检察院、公安部关于公安机关

管辖的刑事案件立案追诉标准的规定（二）》第85条的规定，"归个人使用"，包括将本单位资金供本人、亲友或者其他自然人使用的，以个人名义将本单位资金供其他单位使用的，个人决定以单位名义将本单位资金供其他单位使用，谋取个人利益的。

本案中，转移的资金没有归王庆军个人使用，而是用于归还对澳纳斯公司的欠款和青州恒发日常运营。因此，无论是从自力救济还是从挪用资金的构成要件上说，王庆军等人的行为都不构成挪用资金罪。

五、奚强及武汉凯森涉嫌的多种犯罪行为带来了严重的后果

辩护人提交的9组110多份证据足以还原真正的案件事实。

奚强作为武汉凯森的董事长、实际控制人，同时也是武汉某学院的副教授，他从一开始就设下圈套，以其有强硬的政府关系背景可以打掉浙江宁波的侵权、提供给恒发最先进的技术等说辞，骗取了王庆军的信任，并以合作为由收购恒发的全部股权，又拒不履行支付全部股权转让款，在双方涉及股权转让纠纷的民事、行政诉讼正在进行的时候，私刻公章，派人到银行意图更换预留印鉴，企图侵占恒发资产，迫使王庆军等人采取转移资金的方式自力救济。武汉凯森、奚强的行为涉嫌多种犯罪。

第一，奚强及武汉凯森根本就没有能力收购市值和资产巨大的青州恒发的股权，武汉凯森2010—2012年年检报告书、财务报表、损益表显示，武汉凯森2010年没有营收，系亏损状态，2011年资产总额仅为24395115.89元，营收总额仅18561925.73元，利润总额885398.66元；2012年资产总额为41755412.7元，全年营收36356633.34元，利润总额为1078900.48元。青州恒发企业所得税预缴纳税申报表、损益表证实，青州恒发与武汉凯森合作前，营业收入和利润连年增加，根本不存在武汉凯森说的企业效益不好的问题。青州恒发2010年主营业收入146089348.81元，利润累计2065545.70元。2011年营收202305309.71元，是武汉凯森

的 8 倍多；利润总额 2880997.59 元，是武汉凯森的 3.2 倍。2012 年全年营收 260256109.98 元，是武汉凯森的 7.1 倍；利润总额 20209842.74 元，系武汉凯森的 18.7 倍多。

由此可见，青州恒发与武汉凯森合作前，营业收入和利润连年增加，根本不存在武汉凯森奚强和刘裴说的企业效益不好的问题。此外，辩护人调取的青州恒发原总设计师毕昆证言和汇智工程科技公司的检验报告证实，奚强及武汉凯森也提供不了比青州恒发更先进的技术。武汉凯森也没有能力帮助打击浙江余姚侵权，联合上市更是空中楼阁，武汉凯森拒绝支付后续的股权转让款，表明奚强已经涉嫌合同诈骗罪。

第二，奚强为争夺恒发控制权，无视职工安危，安排手下刘裴等人到青州恒发拉断总闸，严重影响青州恒发正常生产经营，险些造成重大安全事故。突然断电存在氯气和异丁烯泄漏的可能，容易引发中毒、爆炸和火灾等恶性生产事故，其已涉嫌以危险方法危害公众安全罪和破坏生产经营罪。而且，青州恒发已经长期停产，职工下岗、税源丧失，经济发展的动力减缓，给当地的经济发展带来了严重的不良影响。

第三，武汉凯森恶意向工商部门挂失青州恒发企业印章，并私刻公章，到工商局变更登记事项，到当地银行违法变更青州恒发的预留印鉴，已经涉嫌伪造企业印章罪。

第四，奚强明知本案只是经济纠纷，却于 2015 年 3 月 18 日向湖北省公安厅重复举报王庆军涉嫌犯罪，并可能利用关系在武汉违法强行立案。其举报的职务侵占、诈骗、隐匿会计凭证等均未被司法机关认定，而其中奚强、刘裴等人所陈述的事实与查明的事实根本不符，奚强涉嫌诬告陷害犯罪。

第五，在王庆军等人被抓捕后，王庆军的原律师涉嫌和奚强互相勾结，以认罪赔偿和解可以取保候审、找关系修改审计报告等一系列名头诱骗王庆军认罪，同时骗取王永刚一共 1500 余万元。他们还诱骗王庆军让王永刚将涉案的 1 亿多元资金转回到青州恒发，使王庆军签下多份极不平等的和解协议。1 亿多元资金转到青州恒发账户后，武汉凯森将其中 7000 多万元径行转回武汉凯森，另 5000 万元分 3 笔从青州恒发账上转至同为方圆集团旗下的本案鉴定机构武汉天意会计师事务所的会员单位楚义君律师事务所。青州恒发作为被侵害单位，实际上至今不但未获得退还资金，这些资金反而全被转走。奚强的行为涉嫌职务侵占、挪用资金及行贿。

除此之外，奚强还通过王庆军原辩护律师劝说王庆军及家人再赔偿 3000 多万元的所谓损失，王永刚于 2016 年 3 月至 2016 年 8 月初陆陆续续转给武汉凯森账户共计 1310 万元，奚强等人的行为已经涉嫌敲诈勒索。

综上所述，武汉凯森、奚强的行为造成了严重的社会危害，其引发的刑事、民事、行政案件都极大地浪费了司法资源。本案系别有用心地通过诬告陷害方式违法炮制刑事案件，武汉凯森、奚强不仅企图侵占青州本地企业的巨额财产，还迫害了本地成功的企业家。他们案件在武汉都被拒绝审理，怎么能够在本地继续得到司法机关的支持呢？

六、本案以武汉凯森为被害单位形成指控证据，缺乏真正被害单位青州恒发的陈述

青州市检察院起诉书认定事实的证据，是武汉公安错误地以武汉凯森为被害人进行侦查所形成的，不能张冠李戴套用到真正的被害人青州恒发身上。

本案侦查方向从一开始就是错误的。所有的证据、司法鉴定、权利告知、听取意见、谅解书、撤销谅解书等，全部是以武汉凯森为被害人展开的。证据里的"被害人陈述"是武汉凯森的，不是适格的被害人青州恒发的。补充侦查卷中的补充侦查报告书，包括奚强、赵红梅、刘裳等证人均是以武汉凯森的名义录取的口供、出具的被害人谅解书，后来的撤销谅解书也是以武汉凯森的名义出具的。

青州市法院以青州恒发为被害人，青州市检察院却用武汉市公安局以

武汉凯森为被害人立案侦查的证据提起公诉，即表明本案指控证据中完全缺乏适格被害人的陈述及有关证据材料。

七、武汉凯森无权参与本案诉讼

青州恒发另一股东马曰松诉青州恒发、王庆军确认转让青州恒发股权给武汉强森的股东会决议无效，法院认为被告王庆军并未按规定通知作为公司股东之一的原告马曰松，股东会决议上"马曰松"字样的签名并非原告马曰松所签，该股东会决议损害了原告的合法利益。上述股东会决议并非原告本人的真实意思表示，被告王庆军作为公司股东及作为青州恒发法定代表人所形成的股东会决议损害了原告利益，该民事法律行为应属无效。2017 年 7 月 21 日，青州法院判决认定 2012 年 7 月 8 日被告青州恒发形成的股东会决议无效，该判决已生效。

《公司法》第 22 条第 4 款规定：公司根据股东会或者股东大会、董事会决议已办理变更登记的，人民法院宣告该决议无效或者撤销该决议后，公司应当向公司登记机关申请撤销变更登记。依据《公司法》的规定，青州恒发的股东登记应该立刻恢复为王庆军等，武汉凯森的股东资格已经被实质取消。如果允许武汉凯森委派的所谓青州恒发的法定代表人和诉讼代理人参与庭审，将和青州市法院已经确立的"股东会决议无效"和"股权转让协议无效"的判决矛盾，会破坏青州法院司法秩序的统一。

最高法院公布过判例，认定工商登记仅是一种宣示行为，不是确定股东资格和法定代表人资格的法定要件，青州市法院如果只认公章不认人，则与相关法律精神相悖。根据《最高人民法院关于适用〈中华人民共和国民事诉讼法〉若干问题的解释》第 50 条的规定，法定代表人已经变更，但未完成登记，变更后的法定代表人要求代表法人参加诉讼的，人民法院可以准许。因此，王庆军、马曰松才是青州恒发的实质股东，他们已经重新召开股东会，选举新的法定代表人马曰松，其有权代表青州恒发委托律师出庭参与庭前会议。

因此，目前参加庭前会议的武汉凯森指派代表青州恒发参加庭前会议的诉讼代理人徐红亮律师不宜担任青州恒发的诉讼代理人。因为其此前曾接受武汉凯森的委托担任武汉凯森的代理人，而武汉凯森和青州恒发之间存在众所周知的矛盾和纠纷，依照有关法律规定，他不能为双方当事人担任代理人。

八、法院不应为异地司法机关的违法侦查行为背书

法院的审判活动应当维护合法行为，而不能为违法行为背书，这是基本的司法原则。

本案经本地司法机关以完整的认定程序确认为经济纠纷，但在外地经过严重违法的运作以后，被外地法院依法认定为无管辖权而不予受理，然后被最高检发文指定到"有管辖权的地区"管辖，于是由青州市检察院和青州市法院管辖。但这样的运作产生了严重的法律适用问题。

第一，如果法院作出有罪判决，则表明本地公安机关的合法认定是错误的，这将产生直接的法律认定冲突。

第二，一个本地合法认定不立案的案件到外地违法运作立案以后，再转回本地，竟然可以合法地进入审判程序，这显然严重有悖基本常理和刑事诉讼规则。

第三，法院如果用无权侦查的武汉公安机关违法取得的证据进行审理，等于承认武汉公安机关的违法操作是合法的。

总结而言，本案中必然存在的一个尖锐问题在于，无效的、非法的立案能否使已被合法确认为不能立案的案件进入刑事诉讼的后置程序之中？

本案的审理和判决，将让本地的公检法之间产生严重冲突，任由异地涉嫌诈骗的团伙对本地的企业进行残酷的司法打击，特别是在异地法院都拒绝审理的情况下，不利于本地安定团结的法治环境。

综上所述，虽然本案由最高人民检察院指定到了青州市检察院管辖，但并没有命令必须起诉。青州市检察院经过审查发现本案存在严重错误、不能继续推进的，就应当不予起诉，已经起诉的就应当撤回起诉，并作出不起诉决定。或者，法院应当判决无罪，或者依据法律的"一案不再理"的基本原理裁定不予受理。如果实在拿不定主意，也可以向最高人民法院请示批复，因而本地法院对司法进步也能作出明显贡献。但无论如何，本地法院不能为异地的违法立案侦查、插手经济纠纷的错案背书。

王庆军原本是当地优秀的企业家，其所经营的青州恒发也是青州本地的纳税大户，他们生产的甲基烯丙醇等化工产品远销欧美，为青州经济发展、增加劳动力就业等作出巨大贡献，如今沦落到企业停产、设备荒废、工人下岗的境地，王庆军等人也深陷犯罪指控的泥潭。在被刑事追诉的过程中，青州恒发又被武汉凯森、奚强以及曾经的代理律师合谋骗走财产近2亿元，企业家的积极性遭到重创！

习近平总书记在民营企业座谈会上的讲话指出，民营企业和民营企业家是我们自己人，让所有民营企业和民营企业家吃下定心丸、安心谋发展。紧接着，最高人民检察院明确了规范办理涉民营企业案件11项执法司法标准，其中专门强调："检察机关负有立案监督职责，有权监督纠正公安机关不应当立案而立案的行为。有证据证明公安机关可能存在违法动用刑事手段插手民事、经济纠纷，或者利用立案实施报复陷害、敲诈勒索以及谋取其他非法利益等违法立案情形的，应当要求公安机关书面说明立案理由。人民检察院认为公安机关立案理由不能成立，应当通知公安机关撤销案件。"

据此，青州市检察院对于本地民营企业更具有保驾护航的责任，对于武汉公安机关恶意管辖、以刑事手段干预经济纠纷、故意制造冤错案的行为，应果断予以纠正，而不应纵容、默认武汉公安机关的违法侦查。

最后，辩护人再次恳请青州市检察院尽快撤回起诉，尽快对王庆军、周庆华、路伟作出法定不起诉决定，让青州恒发尽快恢复生产经营，让当事人早日回归到正常生活轨道，将本案办成山东省检察系统法律监督的精品案件。

在此期间，青州恒发与武汉凯森的民事诉讼取得进展，2017 年 7 月21 日，青州市法院判决认定王庆军转让青州恒发股权给武汉凯森的股东会决议无效，后该判决生效。2018 年 11 月 5 日，潍坊市中级人民法院终审判决再次确认股权转让协议应为无效。这意味着王庆军仍然持有青州恒发全部股权，其转移青州恒发资金当然不构成犯罪。

由于起诉基础已完全抽离，青州市法院于 2018 年 10 月 9 日召开了庭前会议，并于 2019 年 1 月 28 日建议检察院撤回对王庆军和周庆华、路伟的起诉。青州市检察院于 2019 年 2 月 1 日决定撤回对王庆军和周庆华、路伟的起诉，青州市法院当日裁定准许起诉。

青州市检察院经审查认为，现有证据能够证明王庆军具有利用职务之便将青州恒发的资金转移到淄博澳纳斯公司和淄博澳科公司后，上述部分资金被转移到王庆军个人账户用于购买理财、信托产品的行为，但认定其行为构成挪用资金罪的犯罪构成要件事实缺乏必要的证据予以证明。无证据证明王庆军有职务侵占、隐匿会计凭证罪的犯罪事实。本案武汉东湖区检察院已退回公安机关补充侦查二次，本院审查后仍然认为证据不足，不符合起诉条件。经本院检察委员会研究决定，根据《刑事诉讼法》第 175条第 4 款之规定，决定对王庆军不起诉。

这起典型的以刑事手段插手经济纠纷的案件落下帷幕。

但王庆军的不幸遭遇远不止被长期追诉。2015 年，王庆军被武汉警方带走后，儿子王永刚委托孟某出任父亲的辩护律师，并签订了委托代理合同，支付了 150 万元的律师费。

孟某故意隐瞒了实际情况，反复强调事情很严重，称见到了案卷的审计报告里写着涉案金额将近 2 亿元，需要关系疏通费，否则不能办理取保候审。

就这样，孟某以找关系办理取保候审、修改审计报告、给办事人茶水费等名义分 5 次向王永刚索要 1200 万余元。而事实上，王庆军被取保候审，是因其被羁押的期限已经届满，依法被公安机关取保。

走出看守所后，王庆军向公安机关举报了此事。2018 年 2 月，孟某因涉嫌诈骗罪被刑拘，进而被逮捕。2019 年 1 月被起诉，2019 年 12 月 13 日，山东省淄博市临淄区法院以诈骗罪判处孟某有期徒刑 14 年，处罚金 300 万元，责令其退赔 1200 万元。孟某上诉后，2020 年 8 月 3 日，淄博市中级人民法院二审驳回上诉，维持原判。

✐ 律师手记

暗潮汹涌，破浪前行

彭逸轩

一

2016 年 6 月的一个午后，我正忙于案头，手机忽然响了，一看，是同所的李肖霖律师打来的电话。

李律师语气一反往常的温和平缓，仿佛置身炮火纷飞的战场般迫切："请你务必把手上的事推一推，明天到武汉第四看守所会见王庆军。我认为他的案件存在重大问题。"

我一愣，那点午后的困倦顿时消散。没等接话，我心里先蹦出三个问号：王庆军是谁？他卷入了什么事？为什么这么着急会见？

这三个问号并成一个问题："什么情况？"

"你见到他就知道了。快来取授权委托书。"

挂了电话，我赶忙订下晚上飞武汉的机票。与李律师合作多年，我深知他的判断一向神准；能让他如此紧张，此事一定非同小可。

等飞机落地后我才发现，武汉第四看守所原来不在武汉，而是在几十公里外的鄂州市华容区。坐在去往华容的车上，我心里念叨，好一个华容区！让人想起三国里曹操走过的华容道，何等泥泞坎坷。当时哪曾想，即将接手的这个案件也是荆棘遍布。

次日早上，我见到王庆军。这位山东的企业家在铁椅上绷直了身子，眉头紧锁，双手抱胸——这是一个十足的戒备姿势。

"你好，我是北京市炜衡律师事务所的律师，彭逸轩。"会见室的气氛肃穆得让我说话也刻板起来。

他用一个问题代替打招呼，"你是谁派来的？"

我给他看委托书："王永刚委托我担任你的辩护律师，因此我来会见。"

听说是儿子委托我来的，他陷入了思索。

我惯例性地问："对于我担任你辩护人一事，你是否同意？"

他的回答并不惯例："彭律师，不瞒你说，我这个案子情况有些复杂。昨天孟律师也来见过我，他推荐了一名律师，另外还有一位朱律师也参与了。"

我心里顿生疑问，已经有这么多律师参与，为什么李律师还非让我来会见？

"不慌，我既然来了，就先和你聊聊案情。你目前的罪名是挪用资金罪？"

"我一直认为自己是无罪的。"王庆军慢慢打开了话匣子。

他说，所谓被害人武汉凯森实际上是本案的始作俑者。2012 年，武汉凯森以提供技术、帮助打假、联合上市为由头，与王庆军开展合作，实际上未花一分钱就收购了王庆军年利润超过千万元的青州恒发的全部股权。武汉凯森成为青州恒发股东后，其承诺均未实现。王庆军发现上当后，要求解除合同，并起诉武汉凯森。武汉凯森面临败诉，竟私刻印章，意图更换银行印鉴，转走青州恒发资金。王庆军闻讯，让公司财务周庆华、路伟紧急转走青州恒发账上一亿多元资金，用于归还青州恒发债务和公司经营。后武汉凯森以王庆军等挪用资金为由控告至青州市公安局，青州市公安局审查后认为是经济纠纷，没有犯罪事实。没想到，武汉凯森居然转头又向武汉市公安局报案，武汉市公安局立案后不远千里到山东抓人。

这确实不是一起寻常的挪用资金案。

　　我有了大致判断，对他说："听你的叙述，我认为案件的关键在于青州恒发究竟是谁的。"

　　"对！"他放下紧抱的双手，眼睛里闪过一丝光亮，"是这样。"

　　"那解除股权转让合同的民事诉讼怎么样了？"如果合同确认解除，青州恒发的股权应该回转给王庆军，他调拨自己公司的资金就不构成挪用资金罪。

　　他犹豫着说："撤诉了。"

　　"为什么撤诉？"我有些吃惊，按说胜诉的可能性是比较大的。

　　"孟律师让撤诉的，说这样可以取得武汉凯森的的谅解，有利于取保。"他还称，在孟律师的劝说下，他已将一亿多元涉案资金退还给武汉凯森，另外还违心签署了赔偿三千多万元的协议和认罪书。而这一切竟然都是为了至今还没办成的取保！

　　这位孟律师的种种做法与我的执业判断相去甚远。

　　至此，我终于领悟到李律师话里的深意：前有外地公安违法立案、帮助武汉凯森跨省打击本地企业，后有律师违背事实诱使委托人认罪退赔、使对方当事人获取巨额利益。

　　本案不简单！

　　但在当事人面前，我不好臧否同行，只能向他详细解释本案的事实和法律问题，初步分析他们的行为属于自力救济，同时也是出于公司还债和经营需要，不应视为犯罪。

　　听罢，王庆军沉默良久，说道："如果我直接聘你做我的辩护律师，我担心你受到威胁。"

　　他对我终于不再森严戒备，我也理解了刚见面时他如此警惕的原因。

　　会见完毕，拿到卷宗后，经细致审阅，我更加确信王庆军无罪，武汉公检机关非但无权管辖本案，而且明显系以刑事手段干涉经济纠纷。

　　向王庆军及家属释明并获得认可后，我们向东湖区检察院再次提交了关于管辖权异议和王庆军等无罪的辩护意见，但东湖区检察院无动于衷，径行向东湖区法院提起公诉。

然而，在提起公诉后仅仅三天，东湖区法院就以没有管辖权为由，将案件退回东湖区检察院。东湖区检察院起诉受挫，连忙将王庆军、周庆华、路伟取保候审。

在被羁押一年多后，王庆军等终于重获自由；但这次的自由和他之前预期的不同，这次的自由不是以"退款""赔偿""求和"换来的。

二

我们以为案件将迎来结局，东湖区检察院会顺水推舟作出不起诉决定，但有关方面并不善罢甘休：一方面，武汉市公安局在明知其不具有管辖权的情况下，竟然又罔顾事实，增加职务侵占罪和隐匿会计凭证、会计账簿罪两个罪名，与挪用资金罪一道，再次移送至东湖区检察院；另一方面，东湖区检察院通过湖北省检察院向最高人民检察院请示管辖问题，希望由湖北省其他检察机关继续办理本案。

在这种情况下，我们在刑、民两条路上采取措施积极应对。

刑事方面，我们邀请了三位著名刑法专家，就王庆军案进行论证，最后专家们一致得出结论：王庆军、周庆华、路伟不构成犯罪；本案系民事纠纷，武汉方面既无管辖权，也不应以刑事手段横加干涉。我们立即将该意见提交给各级检察机关以供参考。

民事方面，我们深知本案民事关系，即"青州恒发究竟是谁的"一问对于案件的重要性，于是重新提起曾被诱使撤诉的股权转让合同之诉，请求法院确认双方合同已经丧失效力，王庆军等才是青州恒发的真正股东。

2017年4月，最高人民检察院就湖北省检察院的管辖请示作出批复，认定"本案涉及湖北、山东两地企业之间的纠纷，不宜指定湖北省检察机关管辖"，彻底断绝了湖北方面管辖本案的可能。东湖区检察院于是将本案移送至青州市检察院，案件重新进入审查起诉程序。

在青州市检察院，除了继续发表王庆军等实体上不构成犯罪的意见外，我们还重点强调一个无法解决的悖论：一个本已消灭在受案阶段的案件，连合法的侦查程序都未经过，怎么能够进入审查起诉程序？

我们认为，这一问题不仅仅体现为《刑事诉讼法》"管辖"一章的法条规定，而且触及刑事诉讼公权力运作的合法性来源问题。

遗憾的是，青州市检察院并未重视辩护人提出的程序悖论，也没有对案件实体问题形成公允的认定，而是仍然向青州市法院提起公诉。但站在辩方立场上，我们能够清楚地看见，在审判程序中等待控方的，将是由上述悖论孕生出的更加刺眼和棘手的问题。

三

青州市法院的庭前会议定在 2018 年 10 月 9 日。

国庆假期最后一天，6 名律师，即王庆军辩护人我本人、山东鸢都英合律师事务所的周子泉律师，周庆华辩护人李肖霖律师、北京德恒律师事务所的程晓璐律师，路伟辩护人北京京师（天津）律师事务所的王殿学律师、山东海扬律师事务所的张继海律师，陆续抵达与青州毗邻的临淄，就庭前会议作最后的准备和统筹工作。

在各位的共同努力下，我们将证人出庭申请书、侦查人员出庭申请书、非法证据排除申请书、重新鉴定申请书、管辖权异议书、关于被害人主体问题的意见等十余份法律文书定稿，准备向青州市法院提交。程晓璐律师更是准备了 9 组共 110 份证据，单证据目录就长达 18 页！她的两名助理为打印完全部证据材料，几乎奔波了一整个昼夜。

公诉人如何备战庭审，我们无从得知，但就辩方而言，我们经历了数年的磨炼，不敢说准备完美，但对案件的每个细节，各位都早已烂熟于心。

在我们一行踏入青州市法院的时候，我望见门梁上昂然的国徽，忽然回想起十年前刚刚执业时，自己对刑事辩护业务的憧憬。十年虽然已逝，热忱看来未老。

不及怀念，庭审已是战鼓轰鸣。仅在被害人参与诉讼这一个问题上，当初武汉公安强行违法管辖的恶果就已集中爆发。

一方面，青州恒发的代理人，实际上是受武汉凯森委派出庭。但早在

2017 年 7 月，青州法院就已经判决认定关于转让青州恒发股权的股东会决议无效，其法律后果是武汉凯森已实质丧失青州恒发的股东资格。因此，武汉凯森无权借由青州恒发委派代理人出庭，只有青州恒发的真正股东，即王庆军和马曰民才有权委托代理人出庭参与诉讼。

另一方面，为强行管辖，武汉市公安局将武汉凯森当成被害人，并且通过对武汉凯森取证得到了本案全部的被害人相关证据，但公安机关没有将青州恒发作为被害人并对其取证。庭审中，青州法院却准予青州恒发参与诉讼，认定青州恒发是本案被害人，但是，被害人青州恒发的相关证据实际上是完全缺失的。而在挪用资金案这种被害人同意足以出罪的案件中，缺失被害人方面的证据，很可能直接否决指控。

仅仅是被害人参与诉讼的问题，就已经使公诉人疲于应对，而这还只是辩方全部立论的冰山一角。法院无法继续展开庭前会议，只能暂时中止。

庭前会议结束后一个多月，我们于 2017 年年初提起的民事诉讼终于迎来了终审判决：武汉凯森与王庆军关于青州恒发的股权转让协议无效。我们立即将此消息告知青州市法院和检察院，并再次申请检察院撤诉。至此，青州市检察院恍然明白，坚持起诉已无任何意义。草蛇灰线，伏延千里，事实证明当初我们对此类刑民交叉案件处理战略的理解完全正确。

随着青州市检察院的撤诉，以及作出不起诉决定，王庆军案终于尘埃落定。当然，本案的结束，意味着另一个案件的开始——那位号称认罪和解、退赔巨款就能够办理取保，并以疏通关系办理取保、修改审计报告为名收取王庆军家人千余万元费用的孟律师，2019 年 12 月 13 日已被淄博市临淄区法院一审判处有期徒刑 14 年。

值得一提的是，《民主与法制》《新京报》《南方周末》等媒体也早已报导过王庆军案。在媒体的稿件中，穿插着对青州恒发案发前人声鼎沸、案发后人去楼空的描写。我没有去青州恒发工厂实地查看过，但那番陋室空堂、衰草枯杨的景象完全可以想象。在这样触目惊心的白描里，无论是辩护人，还是公权力机关，或是普通读者，都不难意识到，落实保护民营企业与企业家的合法权益的大政方针，不必唱太多高调，也不必戴太多高帽，有时哪怕只是遵守起码的程序规定，都足以挽救可贵的财富与自由。

评析

王庆军案同样是一起以刑事手段插手经济纠纷的案件，不同的是，王庆军的合作方发起的是一场"阳谋"——先骗取王庆军的股权，再伪造印章试图转移财产。此时，王庆军要么眼睁睁地看着自己的财产被他人非法转走，要么先行转移公司财产以护公司周全。

王庆军当然选择后者，却因此被合作方举报职务侵占罪和挪用资金罪。王庆军所在地青州公安机关不予立案，却被其合作方所在地武汉公安机关立案。"违反管辖规定跨省执法""趋利性执法""选择性执法""以刑事手段插手经济纠纷"，这些违规办案行为在该案中体现得淋漓尽致。

从辩护策略上看，该案最突出的特点可以归纳为"饱和式辩护"：即便案件已显然无罪，辩护律师仍就程序问题、实体问题做全方位的准备。我们看到，由于案件过于"荒唐"，辩护律师在案件因管辖问题从法院退回检察院后，认为"东湖区检察院会顺水推舟作出不起诉决定"，但在这样的预判之下，3名被告人的6名辩护律师团队还是进行了"饱和式辩护"，寻求专家论证、寻求刑民案件同时推进，且辩护律师手记中尤其提到，程晓璐律师为案件审理准备了9组共110份证据，可谓积极动员、充分准备。

不管案件今后如何推进，这样的准备必定会对办案人员错误推进案件造成巨大阻力，其"心证"也必定会有所动摇，以至于最大限度地阻止、迟滞办案机关强推案件。而该案在东湖区检察院请示最高人民检察院后，因管辖问题移送至青州地区，案件回到被告人所在地，切断了报案方利用其所在地公安机关"以刑事手段插手经济纠纷"的执法行为，对案件得到公正处理大为有利。

总结下来，辩护律师的"饱和式辩护"从程序上和实体上最大限度地为被告人无罪结果（检察院撤诉）创造了有利条件。

十八岁女幼师"零口供" 被判猥亵儿童罪

姜丽萍　李照君

回顾

　　3 岁男童生殖器的一处轻微伤口，成了 18 岁幼师 4 年噩梦的开始。王丽是吉林梅河口市一家幼儿园的老师，她被指控猥亵儿童罪。

　　王丽 1997 年出生，是一个胖乎乎的女孩。2015 年 8 月 11 日中午，她在幼儿园负责托三班学生午睡。其间，有一名男童去卫生间小便后不提裤子，说自己"小鸡鸡"痛，班主任检查后没有发现大碍，就帮他把裤子提上了。当天晚上，这名男童的家长为他洗澡时发现他的生殖器有损伤，次日到医院治疗并报案。

　　经司法鉴定，男童的"小鸡鸡"系外伤致包皮表浅创口，损伤应评定为轻微伤。公安机关于 2015 年 12 月 8 日决定不予立案。

　　2015 年 12 月 9 日，男童家长向梅河口市人民检察院提出申请，请求检察机关对公安机关不予立案实行监督。梅河口市人民检察院经审查认为，现有证据可以认定王丽对男童实施了猥亵行为，应对王丽立案侦查，并于 2016 年 2 月 15 日通知公安机关立案。

　　当时，正值另一家知名幼儿园被爆虐童事件的风口浪尖，检察院对本案自然十分重视。

☀ 案件

2016 年 5 月，梅河口市人民检察院向梅河口市人民法院提起公诉，指控王丽作为幼儿园老师，趁看护学生期间，以哄骗被害人玩"揪毛毛"的游戏为名，对其生殖器进行猥亵。

梅河口市检察院认为，王丽用性交以外的方法对儿童实施淫秽行为，其行为触犯了《刑法》第 237 条之规定，犯罪事实清楚，证据确实、充分，应当以猥亵儿童罪追究其刑事责任。

北京市雨仁律师事务所接受王丽的委托，指派李照君律师担任本案的辩护人。接受委托后，辩护人多次与被告人沟通，综合全案事实和证据，认为本案无犯罪事实，王丽的行为不构成猥亵儿童罪。

一、本案证据明显不足，事实明显不清

本案中，证明案件事实的证据有被害人的陈述，幼儿园的监控录像，被害人身体损伤部位照片，被害人的母亲、姥姥、姥爷的证言，幼儿园老师葛某等人的证言等。其中，被害人的陈述存在重大瑕疵；其他证据，尤其是被害人亲属的证言，客观性严重存疑，这些证据不能作为本案的定罪依据。

（一）关于被害人陈述

作为本案的重要证据，被害人陈述从形式到内容都存在诸多疑点，不能准确反映客观事实。

1. 侦查机关取证形式不合法。

被害人刚满 3 周岁，还是幼儿，但在对其的询问笔录中，却出现了如下记录：

承办民警首先告知："……现依法对你进行询问，你应当如实回答，

与案件无关的问题，你有拒绝回答的权利，你有要求办案人员或者公安机关负责人回避的权利，有陈述和申辩的权利，以上权利义务你清楚了吗？"

答："听清楚了。"

按照民法上的规定，3岁的幼儿属于无民事行为能力的人，又如何能根据其陈述，在刑事案件中认定犯罪嫌疑人的行为呢？对办案民警所说的一些专业术语和提问，该3岁男童显然没有认知能力，对其诉讼中的权利义务内容及法律后果根本无法认知，他当然不能行使自己的权利、履行自己的义务。"申请回避""与案件无关的问题拒绝回答"等这些高度专业的词汇，更是远远超出了其认知能力和范围。这些本应由被害人的法定代理人来行使的权利，却在被害人的询问笔录中体现出来，由一个3岁的未成年人来行使。这种违反刑事诉讼程序获取的证据，不能作为指控被告人涉嫌犯罪的证据使用。

2. 被害人询问笔录的内容有明显的人为加工痕迹。

被害人作为一名刚满3岁的幼儿，其对自己所经历的事实的表述与自己的认知程度和表达能力息息相关，陈述的真实性、准确性极易受到外界因素的干扰。侦查机关的询问，应当采用儿童所能理解的语言。此外，只有被害人在不受外界任何暗示和诱导的情况下，他的表述才最可能接近案件的事实真相。

但是，通过被害人的询问笔录，我们发现，笔录中记载的内容明显不是一个刚满3岁的低龄未成年人所能表述的，而是更像一个成年人的语言表述。

如被害人回答："我在某某幼儿园上学，是托三班。""我一般都是和丽丽老师在一起，中午睡觉的时候是丽丽老师陪我。我和丽丽老师玩了'手游戏'，然后丽丽老师用手碰了我的'小鸡鸡'，我的'小鸡鸡'疼了，我就和丽丽老师和葛老师说我的'小鸡鸡'疼。"笔录中逻辑性很强的"一般""中午睡觉的时候""我和丽丽老师玩""然后""我就"，以及具有高度总结性和概括性的"都是"这个词，明显和被害人的年龄以及认知、表达能力不相符。

按照笔录制作要求，笔录应当尽可能记录原话和询问情况，显然这份询问笔录并不符合要求，其记录的内容有明显的人为加工痕迹。

3. 该份笔录是在被害人母亲对其诱导之后到公安机关所做的笔录，可信度低。

梅河口市人民检察院于 2016 年 7 月 26 日所做的《关于案件补充情况的说明》证实："被害人母亲对被害人的询问视频录制时间是 2015 年 8 月 25 日（案发时间为 2015 年 8 月 11 日），录制后提交给梅河口市公安局办案人员，梅河口市公安局办案人员为确保视频的真实性和可靠性，于当日对被害人进行询问，并制作笔录。"也就是说前述询问笔录已经受到了被害人母亲所录制视频的诱导。

3～6 岁的儿童，正处于想象力快速发展的阶段，这个阶段的儿童很容易被大人威胁、诱导，从而说出大人想要的证言。换言之，这个年龄段的孩子即使不主动编造谎言，也极有可能在成年人的暗示和诱导下，说出成年人想要听到的言论，不论内容何等荒诞不经。因儿童被诱导作出虚假陈述的案例在实践中也屡见不鲜。

如前段时间北京市朝阳区某幼儿园教师虐童事件，经公安机关调查，并无家长所称的虐童事实，且针对涉事女童家长赵某某发表的"'爷爷医生、叔叔医生'脱光衣物检查女儿身体"的言论，经核实，赵某某承认系其编造，并愿意向社会澄清事实、公开道歉。这样的事件在历史上也发生过。

美国电影《麦克马丁审判案》便是根据美国历史上著名的"麦克马丁性侵案"改编，再现了幼儿园的孩子们在家长和其他成人的诱导下，编造出性侵的故事，导致麦克马丁一家被抓捕并审判长达 7 年，最终得以沉冤昭雪的故事。另一部电影《狩猎》，讲的也是一个幼儿园的小女孩，幻想男老师性侵她，并把这种幻想向家长陈述。在反性侵人员"循循善诱"的调查面前，幼儿园的所有孩子都说那个男老师性侵过自己。

这两部电影都是根据真实事件改编的。这说明一个孩子本意可能是不想说谎的，但在家长和成人的诱导下，孩子也是有可能"说谎"的。

就本案而言，在案证据显示，被害人在其生殖器官受伤后并没有第一时间告诉家人和老师，说这是由于王丽老师跟他玩"手游戏""揪毛毛"造成的。而是在事情发生 14 天后，被害人的母亲才拿手机录制了被害人陈述其"被害"过程的视频，并于同日携带被害人前往侦查机关接受了询问。

因此，被害人陈述的真实性存疑，其极有可能是在成人的诱导下作出的上述陈述。一审法院"幼儿的证言不掺杂功利因素，更加可信"的观点，显然忽视了本案被害人作出陈述的过程以及客观环境，忽略了幼儿可能被成年人诱导的因素，其裁判说理依据不足。

（二）关于"视频资料"

1. 幼儿园的监控录像无法证明王丽有猥亵被害人的行为。

在本案侦查过程中，侦查机关调取了涉案幼儿园 2015 年 8 月 3 日至 8 月 11 日的监控视频。辩护人经过反复观看、仔细辨认，认为该监控视频无法证实被害人被王丽猥亵，更无从谈起猥亵的过程及方式。一审判决在视频监控无法看清的情况下，将一些根本无法识别的动作依据主观判断强加定性，明显缺乏客观依据，判决结论难以令人信服。

判据书中的认定内容及辩护人的质疑列举如下：

（1）"经常在被害人床边摆弄被害人"，何为"摆弄"？

（2）"其他幼儿不睡觉也不理会"，这显然与监控视频内容不符。比如，2015 年 8 月 3 日 12 时 26 分许至 12 时 32 分许，王丽就在照顾其他幼儿，为其整理被子等物品；8 月 5 日 12 时 25 分，王丽将一个幼儿从床上抱出来去上厕所……从视频内容来看，王丽的行为应属尽职尽责。

（3）"当有他人进入房间时，王丽表现出急忙起身离开或给孩子盖被等异常行为"。何为"急忙"？何为"异常行为"？

辩护人认为，监控视频记载的是客观的事实，司法机关应当客观认定其内容，而不应该在有罪推定的思想主导下，在描述时带入强烈的感情色彩。

2. 被害人母亲自行录制的手机视频不宜作为证据使用。

对于被害人母亲用自己的手机录制的视频，辩护人认为，该视频资料不属于刑事诉讼法所规定的法定证据形式，不属于视听资料，因而不得作为证据使用。

刑事诉讼法中规定的视听资料，是指通过录音、录像、电子计算机及其他电磁方式记录储存的信息来证明有关事实的资料，也称音像证据或音像资料，我国刑事诉讼法将视听资料规定为一个独立的证据种类。法律作如此规定，主要是强调其作为一种证据形式，记录的是待证事实。对证人、被害人陈述和犯罪嫌疑人的供述、辩解也可进行录音、录像，这是笔录以外的固定言词证据的一种方法，从形式上说属视听资料，但不是刑事诉讼法所规定的视听资料证据。

另外，需要说明的是，该视频系被害人母亲录制，录制视频前被害人母亲对被害人是否有过诱导甚至演练？视频的录制对刚满3岁的儿童来说，他不清楚有什么意义，完全有可能听从成年人引导。另外，录制视频的时候没有与本案无利害关系的见证人，视频的真实性和可靠性更是无法印证。因此，这份视频资料作为证据使用有着先天的不足，不宜作为定案根据。

（三）关于物证

1. 被害人损伤部位的照片。

一审判决认为，该照片证明被害人生殖器遭受猥亵受伤。辩护人认为，该证据仅能证明被害人生殖器某部位受损，但无法证实该男童是因遭受猥亵而受伤。

2. 被害人在案发时穿的裤子。

一审判决认为，该证据证明裤子布料质地较软，不可能造成被害人生殖器损伤。辩护人认为，该裤子不能作为本案的证据使用。

一是无法判断该裤子是否是案发时被害人所穿裤子；二是该物证没有经过辨认、鉴定；三是没有提取该物证的相关手续及说明，不清楚物证的来源及提取过程是否合规，在收集、保管过程中是否受到破坏或者发生改变。

（四）关于葛某的证言

葛某是本案涉事幼儿园的另一位老师。

一审判决认为葛某的证言证明：……2015 年 8 月 11 日下午 2 时许，被害人去卫生间小便后不提裤子，对自己说其"小鸡鸡"痛。外观上看没有大碍，葛某也没有仔细看。

此外，葛某的证言还证明：

1. 葛某在卫生间检查了被害人的生殖器，被害人生殖器外观看并没有大碍，也未发现发红并出血。

2. 从葛某的证言中无法确认葛某在卫生间如何检查的被害人的生殖器，在检查的过程中是否接触到被害人的生殖器。

也就是说在本案中其他老师也与被害人接触过，特别是在卫生间内的情形是监控视频无法看到的。

（五）关于被害人姥姥、姥爷的证言

1. 葛某在与被害人姥姥、姥爷的沟通过程中没有说过被害人的生殖器发红并且有血，但被害人姥姥、姥爷却称葛某说过。辩护人认为，被害人姥姥、姥爷的证言与本案其他证据存在矛盾之处，真实性存疑。

2015 年 8 月 13 日，被害人姥姥称葛某说过："我领着孩子去卫生间时孩子说'鸡鸡'痛不让碰，孩子生殖器发红并且有血，放学的时候忘跟你们家长说了。"

2015 年 8 月 15 日，被害人姥爷称葛某说过："我领着孩子去卫生间时孩子说'鸡鸡'痛不让碰，不愿意脱裤子，并且发现生殖器发红并且有血，放学的时候忘跟你们家长说了。"

上述两份证言在说话的语气与措辞上几乎完全一致，令人起疑。二人

均称葛某领着孩子去卫生间，且发现孩子生殖器发红并有血，这与葛某本人的证言存在重大矛盾。

2015年8月13，葛某的证言称："2015年8月11日14时左右午休结束后，孩子对我说自己的生殖器部位疼……当时我没在意，以为没事……外观看并没有大碍，我也没有仔细看。"葛某称其并没有发现被害人生殖器发红并且出血的情况，也没有与孩子姥姥姥爷说过该情况。

2. 2015年8月11日到底谁送被害人上的学？

被害人姥姥称："2015年8月11日8时左右，我像往常一样送我的外孙子到梅河口市某街某区幼儿园去上学。"

被害人姥爷称："2015年8月11日8时左右，我像往常一样送我的外孙子到梅河口市某街某区幼儿园去上学。"

那么，到底是谁送的被害人上的学？

3. 到底是谁给被害人洗的澡？到底是谁发现的被害人生殖器有损伤？

被害人姥姥的证言称："18时30分左右我给孩子洗澡……然后我看了一下孩子的生殖器就发现，孩子生殖器的外皮有一圈血。"

被害人姥爷的证言称："18时30分左右我和我爱人给孩子洗澡……然后我看了一下孩子的生殖器就发现，孩子生殖器的外皮有一圈血。"

4. 被害人姥爷2015年8月15日10时15分至10时27分所做的证言，时长12分钟，不算前面格式部分，证言内容还有1400余字。也就是说每分钟记录近117个字，除此以外，讯问人在这十分钟的时间里，还要把这些问题提出，证人还需要对答如流，不能有停顿、思考，否则无法完成此次笔录。

辩护人认为该份笔录超出了一般人的表达能力，不符合一般人的表达习惯。在12分钟内，根本无法完成上述讯问、陈述和记载。该证言的合法性和真实性存疑。

5. 被害人姥姥2016年4月7日的证言称：2015年7月27日开始，每天晚上9点孩子在该睡觉的时候都不睡觉，并且吵吵"鸡鸡疼""不要鸡鸡了""不要鸡鸡了把这个鸡鸡拿走"……当时还有上下揪生殖器的动作，并且在揪生殖器的时候下身还有上下浮动的动作。

该证言证明了被害人长期自己揪自己生殖器，且动作幅度较大。辩护人认为该陈述符合事实。这个时期的幼儿会存在较强的好奇心，自己揪生殖器的情况较为常见。

（六）王丽的供述和辩解

王丽的供述和辩解还证明了以下被一审法官忽略的事实。

1. 其他老师给被害人穿脱衣服。除了王丽之外，应该还有别的老师给孩子脱衣服，但她记不清具体是谁了。

在缺乏其他证据佐证的前提下，无法得出只有王丽一人接触被害人的事实。

2. 被害人用手揪过自己的生殖器。王丽称，之前几天被害人自己揪过一次生殖器，但是案发当天王丽没注意他是否自己揪过"小鸡鸡"。

王丽的该供述与被害人姥姥的证言相吻合，均能证明被害人有自己揪生殖器的行为。

二、一审判决中的说理依据不足，逻辑混乱，容易产生负面的价值导向

一审判决中，没有被告人的有罪供述。在所谓的被害人的陈述的基础上，结合间接证据，形成证据链条，最终以"零口供"判决王丽有罪。

辩护人认为，进行"零口供"定罪，必须严格遵循《刑事诉讼法》第 53 条的规定，即"没有被告人供述，证据确实、充分的，可以认定被告人有罪和处以刑罚。证据确实、充分，应当符合以下条件：（1）定罪量刑的事实都有证据证明；（2）据以定案的证据均经法定程序查证属实；（3）综合全案证据，对所认定事实已排除合理怀疑。"

　　一审判决所依据的证据中，直接证据仅有被害人陈述，其他的都是间接证据，也就是说本案目前属于"孤证"。事实上，如前文所述，本案中就连仅有的"孤证"，即被害人陈述，也无法客观反映真实情况，其陈述内容存疑。

　　在本案间接证据中，葛某的证言、监控视频、鉴定意见是关键性证据。葛某的证言恰恰证实了案件事实还有其他的可能。监控视频经权威机构鉴定无法看清，不能证明王丽实施了犯罪行为。需要强调的是，在监控视频的内容无法看清的情况下，想要认定其中的内容，必须通过鉴定机构出具鉴定意见。被害人母亲提供的对监控视频的解读，不是法定证据形式，不具有真实性、合法性、关联性，应当依法排除。关于被害人伤情的鉴定意见，只能证明被害人受伤，不能证明是王丽实施了犯罪行为。孩子的母亲、姥姥、姥爷的证言内容包含强烈的主观色彩和演绎、夸张成分，真实性值得怀疑。

　　综上，本案的直接证据和间接证据均不能证明王丽实施了猥亵的犯罪行为，在案证据无法形成完整的证据链条，远没有达到排除合理怀疑的程度。

　　2013 年最高人民法院印发《关于建立健全防范刑事冤假错案工作机制的意见》，该《意见》强调：

　　"坚持依法独立行使审判权原则。必须以事实为根据，以法律为准绳。不能因为舆论炒作、当事方上访闹访和地方'维稳'等压力，作出违反法律的裁判。"

　　"坚持证据裁判原则。认定案件事实，必须以证据为根据。应当依照法定程序审查、认定证据。认定被告人有罪，应当适用证据确实、充分的证明标准。"

　　"定罪证据不足的案件，应当坚持疑罪从无原则，依法宣告被告人无罪，不得降格作出'留有余地'的判决。"

　　"重证据，重调查研究，切实改变'口供至上'的观念和做法，注重实物证据的审查和运用。只有被告人供述，没有其他证据的，不能认定被告人有罪。"

辩护人认为，一审判决认定王丽犯猥亵儿童罪系依靠"孤证"定罪，且该"孤证"本身也存疑，其他间接证据无法与直接证据形成完整的证据链条，在这种情况下，一审法院依法判处上诉人构成猥亵儿童罪，严重违背了《刑事诉讼法》的规定及上述《意见》的精神。

如果不坚持证据裁判原则，而是在裁判过程中先入为主，甚至进行有罪推定，就有可能导致无罪的人被追究，出现错案。

近年来出现的一些冤假错案，如聂树斌杀人案、佘祥林杀妻案、赵作海杀人案等，无不是按照"疑罪从有"的思路办案，不顾案件证据之间的疑点，将刑事诉讼的证明标准与民事诉讼的证明标准混同。刑事诉讼中的证明标准显然要高于民事诉讼的证明标准，在刑事案件中要判决一个人有罪，需要有充分的证据，而且在合理的范围内没有其他的怀疑。也就是说依据现有的证据，根据法律法规能够而且只能够得出嫌疑人有罪的结论，而不能得出其他的可能存在的合理推测。在民事诉讼中，民事诉讼的证明标准一般为"盖然性"标准，即存在的可能性要大于不存在的可能性时，那么此项事实主张就被认定为是真实的。如果以民事诉讼的证据标准来审判刑事案件，那么作出的判决无疑有巨大的错误的风险，冤假错案在所难免。

在本案中，一审判决大量运用了解释、推测、推理、论证，并没有对在案证据的客观分析，该案中的说理逻辑极易对社会公众的认知产生负面的导向作用。

1.判决书称："现有证据显示其他老师没有作案可能，证据均指向王丽，基本排除其他人员作案可能。"该认定显然与事实不符。案发当日，负责给学生脱衣服的有三位老师，具体负责脱衣服的老师无疑与被害人有身体接触，但现有证据并未查清是究竟是谁脱的被害人的衣服。除此之外，在当日 14 时许，也有其他老师在厕所查看了被害人的生殖器，帮被害人提了裤子，现有证据也未能查清是否是有其他老师与被害人生殖器接触后导致被害人生殖器受损。即使是排除了其他老师作案的可能，但怎么能排除老师外的其他人员没有作案可能呢？怎么能确定孩子一定是在幼儿园受的伤？依据何在？

2. 判决书称："小孩生殖器不会勃起，除了人为触碰生殖器，其他致使此部位受伤的可能性很小，被害人自己触碰生殖器造成自身损伤如此严重的可能性极小，摔伤、撞伤等意外情形致伤的可能性极小。"这完全是一种缺乏依据的主观推测，既没有结合本案具体案情，也没有任何的科学理论支持。这种推测，还忽略了一个重要的事实，即被害人在幼儿园午睡时不穿内裤，生殖器裸露在外。该事实的存在大大增加了被害人生殖器意外受伤的可能性。判决认为被害人的损伤"如此严重"，但依据常理，如此严重的伤，即使是成年人也是痛苦难耐的，作为刚满3岁的幼儿，极有可能哭闹。但本案被害人在幼儿园却毫无这方面的反映，这也说明该损伤有可能不是在幼儿园造成的。

3. 判决书称："被害人描述'揪小鸡鸡'的动作，易于在人为外力触碰过程中导致该位置受伤，这与法医鉴定的'外伤致包皮表浅创口'意见相符，也可印证被害人的陈述。"这里需要重点强调的是，该鉴定书的鉴定意见是："被害人损伤应评定为轻微伤"，并没有"外伤致包皮表浅创口"的鉴定意见。"外伤"一词是中性的，是指身体或物体由于外界物体的打击、碰撞或化学物质的侵蚀等造成的外部损伤。因此，本鉴定意见无法证明被害人的损伤就一定是他人人为造成的。

4. 判决书称："经仔细观察视频，可发现诸多可疑因素……"首先，既然一审判决也认为这些仅是可疑因素，但却将这些可疑因素作为了最终的定罪依据，违背了证据裁判原则。也即，认定案件事实，没有以证据为根据，而是仅仅根据可疑因素。具体来说，监控视频经权威机构鉴定是无法看清的，却在一审公诉机关的仔细观察下，获得了诸多可疑因素，这些所谓的可疑因素，仅是公诉机关的推测、猜测，无任何证据支持，最终却被一审法院用于定罪量刑。

司法实践中出现的冤假错案，几乎都是在证据采信上出了问题，对于现有证据无法直接认定的情形，囿于某些因素，硬着头皮跨越红线，突破底线，想方设法进行推理解释，最终作出看似没有问题的"有罪判决"。这类的判决是经不住历史的考验的，在当前司法责任终生追究的司法大环境下，错误的裁判终会被纠正。

三、王丽的行为不构成猥亵儿童罪，也不构成其他犯罪

综上所述，客观上，王丽没有实施猥亵儿童犯罪的行为。

王丽与被害人的接触限于幼儿园老师照顾幼儿的正常范围之内，没有证据显示王丽用性交以外方法对儿童实施了淫秽行为。

主观上，王丽没有实施猥亵儿童犯罪的故意。

本罪在主观上只能是直接故意，间接故意或者过失不能构成本罪。

在案证据中，并没有证据显示王丽在正常照顾被害人的过程中存在以刺激或满足性欲为目的的主观动机。被害人生殖器受损的事实是否是王丽所为无尚证据支持，更无法从客观行为来判断上诉人是否具有刺激、满足性欲的内心倾向。

回归到案发当时，王丽仅为刚满18周岁、刚刚走出校门、踏入社会的懵懂少女，她没有过性经历，对性方面的认知可以说几乎是一张白纸。从常人来看，也很难想象一个刚满18岁的少女，会对一个刚满3岁的儿童有性方面的想法。

事实上，她进入幼儿园之后表现一直很好，很希望能够在幼教事业上有所发展。从2015年8月3日至8月11日的部分监控视频来看，王丽也是在尽自己本职去看护幼儿。一审的判决，不仅毁灭了她的职业规划，更是毁灭了她的人生规划。一个没有谈过恋爱、没有性经历的少女，被无辜地以此罪名定罪处罚，让其今后的人生何去何从？这必将是她一辈子挥之不去的阴影，让其无法抬头做人，甚至含冤终生。

2018年11月，吉林省高级人民法院作出再审决定，认为本案事实不清、证据不足，指令通化市中级人民法院另组合议庭再审。

2019年6月，通化市中级人民法院撤销原判，发回原一审法院梅河口市人民法院重审。2019年10月，梅河口市人民检察院撤回起诉，2019年11月5日梅河口市人民检察院认为本案现有证据不足，无法得到人民法院支持，不符合起诉条件，作出不起诉决定。

王丽重获自由后，在给李照君律师的信中她这样写道："我的名誉得到保护，压在全家人心上的大石头终于落地，我们如释重负。我重拾人生信心，重新认识这个有着公平正义的社会。"

本案涉及低龄儿童证言采信及低龄儿童心理学等相关理论，在办案过程中，辩护人李照君律师在韩哲律师的带领下到北京师范大学心理学教研室进行咨询，更加确定了低龄儿童有趋利避害的倾向，其言辞易于受到成年人的影响，也会说谎。

📖 律师手记

中国版《麦克马丁审判案》

李照君

《麦克马丁审判案》（又名《无尽的控诉》），是美国于1995年拍摄的一部电影，讲述的是根据真实案件改编的故事：美国最大的"性侵儿童案"，历经7年的调查，最后证实300多名孩子是在家长诱导之后作出的口供，性侵儿童的事实根本不存在。

"李律师，法院通知我闺女去法院领一个裁定书，怎么回事？"王丽的妈妈着急忙慌地给我打电话问道。

王丽妈妈是一位厚道淳朴的东北妇女，家住吉林省通化市下辖的梅河口市。自从我接了她女儿这个案件后，她只有在必要的时候才联系我，很少没事儿的时候打扰我。

"我给法官打个电话，问问看。"此刻，出于职业的敏感，我想，难道会有好事？没有多想，我立即给梅河口市人民法院的承办法官打了电话。

承办法官是法院党组成员，也就是法院的班子成员，我们之前联系过几次，我能够感受到他过硬的业务素质。电话接通后，我问道："法官，您好，我前几天寄过去的辩护意见您收到了吗？"

"收到了，正要给你打电话，你们在北京，离这里太远了，我们想着把裁定书寄给你呢。王丽这个案子检察院那边撤回起诉了，如果他们不撤回我们就要判无罪了。"承办法官对我说道。

突然听到这个结果，我的心情无比激动。对我们辩护人来说，这是成功的无罪辩护的业绩；对一个案发时刚满18岁，甚至连恋爱都没有谈过的王丽来说，把猥亵儿童罪给彻底打掉，我知道这意味着什么！这个持续了3年多的案件终于结束了。

随即我给在北京打工的王丽打了电话，让她立即买当天的票回家。王丽二话没说就买好票，坐了一晚的火车，到了第二天上班的时间，她准时赶到法院，拿到裁定书之后，当天她就发烧了。我知道这种积压于内心深处的苦闷终于消散了，她的身心是完全放松的。就好像所有的防御系统都休假了一样，这个时候是容易生病的。

这究竟是一件什么案子？

在这个案子之前，同一时期爆发了吉林某知名幼儿园虐童事件，在社会上引起了轩然大波，甚至激起了众怒。

而本案，恰巧发生在同一个时间段，各方的压力都比较大。我们接手这个案子的时候已经是2017年了，那个时候，前面的案子已经有了结论，舆论上对我们更加不利。

2015年8月11日晚，被害人的家属将其正常接走，当晚姥姥给他洗澡时发现他的生殖器有划痕，随即联系幼儿园。第二天被害人家属就报案了，后家属与幼儿园沟通赔偿事宜。幼儿园为了息事宁人，一开始愿意协商了事，但家属要求数额巨大，幼儿园无法接受。由于当天是王丽带班，所以她成了最大的嫌疑人，这也成了之后几年噩梦的开始。猥亵儿童罪，可能要彻底将王丽钉在人生的耻辱柱上。

疑云重重：最终通过检察机关立案监督的方式立案

本案中仅被害人——一个刚满 3 岁的男孩的陈述指证王丽，除此之外没有其他证据与之相印证。被害人的致伤原因最终鉴定为"目前无法确定此创口形成的原因"，也就是说本案无法与王丽直接扯上关系。一开始公安机关顶住了压力，不予立案。

最终被害人家属申诉至梅河口市人民检察院，检察院以立案监督的方式通知梅河口市公安局立案侦查。在这种难以理解的情况下，王丽被刑事拘留、逮捕，到一审审判结束共计羁押了 10 个月零 5 天。

现在回想起来，当初检察机关为什么要通知公安机关立案？是出于吉林某知名幼儿园虐童案件的压力？还是有其他什么原因？现在也还是不得而知。

我们就是要帮当事人讨个公道

2017 年冬天的一天晚上，韩哲律师让我和他一起接待几个当事人，那是我第一次见到王丽和她的妈妈。未经世事的王丽眼神中有着一丝坚毅，更有着对未来的恐惧与无奈。

她和我们说，她到现在都没有男朋友，如果这个案件不能扳过来，她真的不知道以后的日子怎么过。

是的，这个罪名，猥亵儿童，对于一个女孩子来说，确实是无法接受的。也是在那个时候，我深切地理解了一个女孩的妈妈，凭借什么力量到北京来找刑辩律师给她女儿正名，那就是：母爱无疆。

这个案件是我与中国社会科学院大学的姜丽萍教授（我的大学班主任，北京市宣言律师事务所兼职律师）合办的。还记得在大学时，姜老师领着我们去北京市一中院旁听一个案件，至于旁听的什么案件我早就忘了，但是我记得非常清楚的一件事是，离开一中院门口时，有一个在门口喊冤的人拦住了姜老师，姜老师给他留了联系方式，让他到单位找她。那时候，我就能感受到姜老师那种为公平正义而战的精神。

后来，韩律师说这个案件确实存在很大问题，虽然案发地距离北京比较远，虽然我们收的律师费很少，但我们一定要帮助她们抗争到底。

现在看来，能够坚持自己的底线，能够己所长帮助他人，也是在自我修行，渡人也渡己。有的时候，我们就是要帮当事人讨个公道。

"转包"——题外话

有人说，律师就喜欢站在当事人的立场说话，刑辩律师更是如此。事实上，之前在检察机关工作的经验，在无形当中对我形成了难以磨灭的影响，就是在接触案件后会相对客观地进行评价，继而选择对当事人最有利的辩护策略，而不是为了"忽悠"当事人，把有罪硬说成无罪，也不会为了表演而在法庭上慷慨激昂。

接手王丽这个案件后，我们先是把案卷仔细看了好几遍，之后，有个疑问迟迟不能解决，那就是案发现场到底是怎么样的？案发时的现场视频监控到底是什么情况？

带着这个疑问，我和韩帅律师（他当时在实习，现为北京市云亭律师事务所合伙人）准备一同去一趟通化。

当时我们从杭州乘飞机到了沈阳桃仙机场，在机场我拦下一辆出租车问："师傅，到吉林梅河口市多少钱？"

"……我问下。"师傅随即呼叫了号台，我隐约听到那边的报价，随后师傅说："700元，就你们俩是吧？"

"是的，就我们俩，700元，走吧。"

一段神奇的旅途开始了。

一上车我就意识到不对劲了，这辆出租车是烧天然气的，应该跑不了那么远……

"哥们儿，和你说个事，我刚好有个兄弟要去那边，我把你们放他车上，你给我100元，剩下600元给他。"还没开多久，这出租车师傅居然来了这一出，当时我们人在半道，没有别的办法，只能"任人宰割了"。

随后我们两人还被"转包"了3次，那些司机到也谨慎，每次换车的时候他们都是一个司机外加另外一个人陪同，可能是害怕我们对他们图谋不轨吧……

还记得最后一次"转包"是快到梅河口市的时候，那时天已经黑了，路上的雪没有化，外面的风呼呼的，大概有-20℃。我们俩和司机一行共计4个人在路边等着最后一辆车的到来。现在回想起来记忆深刻，这些司机也是挺辛苦的，能不走高速尽量不走高速，穿小道走小巷，一路奔波，好在终于安全到达目的地。

一路上，在闲聊中一位司机得知我们的律师身份后，不知道他是不是把这么多年来存储在心里的、和法律有关的问题都一股脑儿抛了出来，我都严重怀疑，有些问题是不是都已经长毛好久了。

更为有趣的是，那位司机还说他有个发小，居然与我同名同姓，我知道东北爷们能吹能侃，不自觉地流露出了一丝怀疑，他为了让我相信，竟然拨了电话要印证，无奈对方未接，这也成了一个不解之谜了。由于和这位司机聊得甚欢，我就留下了他的电话，他告诉我下次还收700块钱，绝对全程高速帮我直达目的地，看来这回是遇上"讲究人"了。

第二次去通化时，我还真就联系了他，全程高速直达，真是靠谱的东北人。

到案发现场走访调查

还记得之前在检察院工作时，检察长教育过我们，大致意思是：你们办案子，一定得注意案发现场。

刑辩律师接触到案件的时候，由于种种原因，很多时候仅仅是局限于阅读案件材料本身。好在这一次，案发现场还在，我们联系了事发幼儿园的园长。这是一家民办的幼儿园，我们去了之后幼儿园的工作人员很惊讶，他们也非常积极地配合了我们接下来的工作。

到了案发现场之后，李园长告知了我准确的位置，站在那个位置，我闭上眼睛，尽力地重现当时的场景，这更加坚定了我最初的想法：在那样的场景下，王丽是不可能那样做的。随后我把现场的照片拍了下来，并制作了示意图。后来吉林省高院负责再审的一位老法官也和我一样跑到了案发现场……

当晚，看完现场之后，我们婉拒了李园长的热情挽留，随即踏上了开往通化的火车。一下火车，我们才发现通化市区真的特别冷，我们单薄的衣服根本无法抵御刺骨的寒冷。

通化临近朝鲜，离长白山很近，当地盛产药材，制药业很发达。此外，当地的葡萄酒也很出名。浑江从通化市中心穿流而过，将城市一分为二，当时正值隆冬，只见浑江中间时不时有汽车通行而过，我们甚是好奇。如果是夏天到这里，有山有河，定是另一番美景。

第二天，我们终于见到了二审的法官，法官很是热情，我们和他详尽地表达了辩护意见，二审法官很耐心，认真地听了我们的意见。这位法官在法院工作很久了，司法经验丰富。我只是说了句，案发时王丽也才刚成年，是个没有谈过恋爱的小女孩，您就不考虑她将来的人生吗？

没有硝烟的二审开庭

由于提交了新证据，我们争取了二审开庭审理。还记得开庭时，对于我们提出的本案诸多存疑之处，二审出庭检察官只有一句话，"我们坚持一审起诉意见"。当时，我们的感受就是不论你怎么辩护，不论你说得多么在理，最终法院还是会维持一审判决。我们内心有一丝丝凉意。

在庭审中，我们申请了另外一位幼儿园园长出庭作证，她是一位长期从事教育工作的老园长，是典型的小学老师那样的性格，凡事很认真。在庭审中，最终她还是抑制不住内心的愤愤不平，和法官"硬碰硬"了起来。

庭审结束后，出于礼貌我向法官道歉，法官很平淡地说了一句：我能理解，我家里也有亲戚是老师，我理解他们这种较真的性格。我现在也不太愿意和他们较真，较真累了。

我想，也许是吧，这么多年的审判工作，这么多案件的打磨，当初的那种激情估计早就不在了，真的是较真累了。

但是，法官就是这样的一种职业，极端的时候一判之下见生死。更多的时候，有罪无罪也是一念之间。对于法官而言，这可能只是他们办理的成千上万个案件中的一个，但是对于案件中的每一个人而言，却可能导致人生轨迹的彻底改变。在这样的事情上，真的不许半点马虎。

庭审中，王丽在最终陈述时说道："这个事情发生到现在，我从来都没有认过罪，因为我知道我没有干那样的事情。关在'里面'的那10个月，我每天都在告诉自己，我是无罪的，我才刚成年，我才刚走上社会，我不知道社会为什么会对我这么不公平，让我承受这样的苦难，但是既然让我遇上了，我就要抗争到底，如果二审维持原判，我会一直申诉，直到平冤昭雪的那一天……"

我清晰地记得，姜老师在我旁边，一开始就在默默地流着眼泪，到最后甚至发出了啜泣的声音……我想姜老师肯定和我一样，既有无奈，更是被王丽的坚持所感动。

后来，不出所料，二审果然维持了原判，不过令人意外的是二审判决定罪的很多依据居然是猜测性的。

艰苦的申诉之路

做律师的都知道，刑事案件申诉有多难，很多时候我们甚至都劝当事人，申诉太费精力，真的耗不起。

但是本案，王丽和她母亲是出奇地坚定，她们不像其他人那样情绪激动，要去法院闹、要去信访，她们选择了坚定地相信我们，相信律师，这让我们很感动。有的时候尊重是相互的，这并不是金钱所能衡量的，我们能感受到当事人的真心诚意的时候，更是会坚定地为此付出。

在申诉的过程中，之前提到的到案发现场走访的那位吉林省高院的法官给我们留下的印象特别深刻。他是一位临近退休的老法官，可能王丽这个案子就是他退休前办理的最后一个案子，他很认真地听取了我们的意见，更难能可贵的是，他竟然能到案发现场走访，还能询问相关证人。他说，他之前就改判过几个无罪的案件，还上过报纸，脸上也不自觉地流露出一种自豪。在我们看来，这就是司法的光辉。

遗憾的是，他马上要退休了，由于种种原因没有办法直接参与案件的审理，我们觉得这已经足够了。

来自当事人的赞扬，是我们内心深处升起的阳光

刑事律师做久了，内心难免会积攒很多负能量。如何坚守，如何做一位充满阳光的刑辩律师，一直是历久弥新的话题。我认为，办好每一个案件，赢得来自当事人发自肺腑的感谢和赞扬，是我们内心深处升起的阳光，它会照亮我们内心，会驱散那些积攒已久的负能量，给予我们重新出发的力量。

评析

王丽猥亵儿童案发生在红黄蓝幼儿园事件发酵期间，可以想象，社会公众的情绪和舆论环境对该案的公正处理都是不利的，加之有被害人亲属的推动，司法机关在办理该案过程中会承受一定的外部压力。

从证据上看，该案的直接证据是被害人母亲提供的手机录制的被害人陈述，间接证据则主要是被害人身上的表浅创口，及其家属的证人证言。王丽本人则从未供认，本案可谓"零口供"案件。该案通过一审、二审开庭审理，仍然作了定罪处理，后在再审程序中检察院撤诉。据此可以看出该案取得不诉（无罪）结果实为不易。

该案辩护律师的积极辩护为案件带来转机。其一，律师亲自赶往现场，接触了案件相关当事人，获得了第一现场的资料，为法院承办人提供参考，促成了二审开庭审理。其二，辩护律师申请到了证人出庭作证，即便二审仍是维持的结果，但相信证人的当庭证言也为法庭提供了直观参考，是能够动摇法官心证的。其三，辩护律师对相关证人证言作了全面的比对和分析工作，发现言词证据中的大量矛盾，并结合案发环境、前因后果提出了指控事实的不合理，提出了无罪的重大可能，消解了控方对案件事实的认定，甚至很可能间接促成了案件再审阶段的检察机关撤诉。其四，从辩护律师的手记可以看出，再审程序中的承办人是颇具责任心和正义感的。

但是，由于该案在再审期间因检察院撤诉而没有进一步对证据进行评判，涉及被害人陈述的录像的法律评价问题并未解决。该案的这份关键证据涉及两个重要的证据采信问题：第一，3 岁的被害人提供的陈述能否作为定案的根据；第二，被害人通过录像提供的陈述能否作为定案的根据。

关于儿童证言的问题。由于低龄儿童认知能力有限，错误采信将导致冤错案件；又由于儿童性侵案件通常只有儿童提供的直接证据，错误不采信将无法保障低龄儿童权益。因此，儿童证言的采信在司法实践中是难点，理论上也有探讨空间。王丽案就涉及该问题，该案被害人家长通过手机录像向公安机关提供了被害儿童的陈述，公安机关遂对该儿童进行了询问，录像和询问笔录共同构成了本案的直接证据。

至于儿童证言究竟能否采信，根据我国相关法律规定，从应以下几个方面来看：第一，《刑事诉讼法》规定，凡是知道案件情况的人，都有作证的义务，即儿童也不能例外；第二，年龄，认知、记忆和表达能力，生理和精神状态并列为确认证人是否具备作证资格的重要条件；第三，实质条件是，"不能辨别是非、不能正确表达的人不能作为证人"。可见，儿童证言的采信规则与成年人并无根本差异。对此，应着重解决的是儿童证言证明力的问题。该案辩护律师也注意到了这一点，因此辩护中重点提出，作证时间与案发时间间隔时间长，无法确保记忆的准确；论证儿童证言中存在与年龄、心智不相符的表述，提出家长引诱作证的可能，以此削弱证据的证明力。

关于录像中的证言的问题。在该案中，儿童录像所展示的是被害人陈述，这构成传闻证据。传闻证据的特点是证人无法就其作证内容接受交叉询问，真实性难以保障，损害被告人的对质权。因此，在英美法系中，传闻证据一般不具有可采性。然而，在我国的法律规定和司法实践中，被告人供述和辩解、证人证言、被害人陈述多是以笔录的形式呈现于法庭，而这些笔录原本也属于书面传闻,并不当然属于排除的范围,既然"书面传闻"尚且可以采信,"录像传闻"自然也不在话下。从建立更加精致的证据采信规则的角度看,由于传闻证据损害了被告人的对质权,且无法通过交叉询问判断其真伪,因此,我们始终呼吁,刑事诉讼法应当完善证人出庭制度,为法庭充分查明案件事实创造条件,保障被告人的公正审判权。

河南曹红彬伤妻案　17年沉冤得雪

毛立新　张旭华

回顾

坐牢 15 年，上诉、申诉 17 年。2019 年，已经 53 岁的曹红彬终于等来了无罪判决。

曹红彬，案发前在彭店乡大街上经营一家糖烟酒批发部，小卖部生意兴隆。他在彭店乡属于比较富裕的人，还有自己的面包车。

2002 年 4 月 20 日凌晨 2 点多，曹红彬驾车回家。他先把车停到家后面的税务所院内，然后步行回家，到家后发现妻子李瑞玲满脸鲜血倒在地上，惊恐之下曹红彬喊邻居一起，将妻子送往医院抢救，并打电话报警。

公安机关经过侦查，发现作案凶器是一块石头，凶手抱起石头砸向睡梦中的曹红彬妻子，其虽被抢救过来，生命无忧，但重伤无疑。同时曹红彬家中失窃，两个钱箱被抛弃在案发现场附近。

在询问曹红彬时，曹红彬提到当晚自己把车停好后，从税务所出来，发现路上有一男子推着摩托车，形迹可疑，曹红彬大声问是谁，对方听到后驾车迅速离开。

公安机关扩大侦查范围，展开走访无果，但同时发现曹红彬和另一女性有私情，存在不正当两性关系，且案发当日与该女性有数次电话联系。

曹红彬最后一次和该女性通话的时间是凌晨 2：09。

✳ 案件

　　通过询问相关证人，公安机关逐步怀疑曹红彬具有杀妻后和该女性结婚之动机，属于自己作案后伪造现场，曹红彬随即被监视居住。4 天后，曹红彬作出了认罪供述，随后他因涉嫌故意杀人罪被刑事拘留，同年 5 月 10 日，他以故意杀人罪被批准逮捕。

　　2002 年 10 月 29 日，曹红彬涉嫌罪名变更为故意伤害罪，由许昌市人民检察院提起公诉。

　　起诉书指控：2001 年 11 月以来，被告人曹红彬与有夫之妇某女长期保持不正当关系。为了达到与妻子李瑞玲离婚的目的，2002 年 4 月 20 日凌晨 2 时许，被告人曹红彬酒后在鄢陵县城十字街邮局附近用 201 电话与某女联系后，便驾驶自己的面包车回到彭店，将车停放在彭店税务所院内，并从税务所门外拾起一块石头（重约 5.9kg）来到自家的糖烟酒批发部门前，见其妻李瑞玲在门前的小床上熟睡，便举起石块向李瑞玲头部猛砸两下，至李瑞玲昏迷，然后将她的秋裤、裤头脱下来，扔到床北侧，又进批发部屋内，掂出两只钱箱，先将红塑料钱箱扔在彭店税务所门口东边一米远处，后又将铁皮箱扔到村外一路边的麦地里。伪造完强奸、抢劫作案现场之后，曹红彬才喊起邻居等人，将李瑞玲送往医院救治。经许昌市公安局及洛阳市精神卫生中心鉴定：李瑞玲所受损伤为重伤，精神伤残程度为重度（2 级）伤残。

　　检察院认为，被告人曹红彬以特别残忍的手段故意伤害他人身体，致人重伤造成严重残疾，其行为触犯了《刑法》第 234 条第 1 款、第 2 款之规定，已构成故意伤害罪。

　　曹红彬在检察院提审时翻供，且在以后多年的诉讼中，始终不认罪。2002 年 12 月 10 日，曹红彬一审被许昌市中级人民法院以故意伤害罪判处死刑。曹红彬上诉。

2003 年 10 月 22 日，河南省高级人民法院二审撤销原判，发回重审。

2004 年 8 月 4 日，许昌市中级人民法院重审后改判 15 年有期徒刑，曹红彬继续上诉。

2004 年 12 月 24 日，河南省高院再次发回重审，二次发回以后，许昌市中级人民法院没有再次审理，而是将案件降级至鄢陵县人民法院审理。

2005 年 5 月 10 日，鄢陵县人民检察院向鄢陵县人民法院提起公诉。

2005 年 10 月 14 日，鄢陵县人民检察院以事实、证据有变化为由决定撤回起诉，同日鄢陵县人民法院裁定准许鄢陵县人民检察院撤回起诉。

2005 年 11 月 11 日，距离上次撤诉不到一个月，鄢陵县人民检察院重新提起公诉。

2005 年 12 月 2 日，鄢陵县人民法院认定曹红彬故意伤害罪成立，判处其有期徒刑 15 年。曹红彬继续上诉。

2006 年 7 月 18 日，许昌市中级人民法院驳回上诉，维持原判。至此，案件定谳。曹红彬开始服刑。

在服刑期间，曹红彬坚持申诉，从不认罪，导致刑期一天未减，坐满了 15 年牢狱。

2017 年 4 月 20 日，曹红彬出狱，继续申诉。

北京市尚权律师事务所接受曹红彬的委托，指派毛立新、张旭华担任该案发回重审阶段的辩护律师。接受委托后，辩护律师经过查阅全部案卷材料，与原审被告人进行充分沟通，并前往鄢陵县彭店乡案发现场进行实地考察，对案情有了全面了解。

综合全案证据材料，辩护人认为：原判认定的曹红彬犯故意伤害罪，事实不清、证据不足。

辩护要点如下。

一、曹红彬唯一一次有罪供述的合法性、真实性均存在严重问题，依法不能作为定案的根据

曹红彬唯一的一次有罪供述，形成于 2002 年 4 月 25 日上午，是在他被带到公安机关 4 天之后形成的，其合法性、真实性均存在严重问题。

（一）该有罪供述属于非法证据

1. 曹红彬到案以后在鄢陵县公安局被违法监视居住 4 天。

根据鄢陵县公安局《监视居住决定书》可知，曹红彬于 2002 年 4 月 21 日因涉嫌故意杀人罪被监视居住。另据鄢陵县公安局《拘留证》，曹红彬于 2002 年 4 月 25 日因涉嫌故意杀人罪被刑事拘留。

曹红彬在 2005 年 9 月 22 日、2005 年 11 月 24 日及庭审中，都明确表示，监视居住的地点为鄢陵县公安局办公楼下的一个空房间内。曹红彬在此期间共形成三份笔录，其讯问地点皆记载为鄢陵县公安局，可以证实曹红彬系在鄢陵县公安局被指定居所监视居住 4 天。

根据 1998 年 5 月 14 日实施的《公安机关办理刑事案件程序规定》第 98 条的规定：指定的居所，是指公安机关根据案件情况，在办案机关所在的市、县内为犯罪嫌疑人指定的生活居所。公安机关不得建立专门的监视居住场所，对犯罪嫌疑人变相羁押。不得在看守所、行政拘留所、留置室或者公安机关其他工作场所执行监视居住。

鄢陵县公安局对曹红彬执行指定居所监视居住的做法，已经严重违反了上述法律规定，属于以变相羁押的方式获取口供。

2. 有线索表明 4 天内曹红彬遭遇了严重的刑讯逼供。

曹红彬在 2002 年 7 月 24 日律师会见时，就详细描述了自己遭受刑讯逼供的具体情况："我不承认，他们让我在铁椅子上坐了三天三夜，后来又把我带到看守所外院，又在铁椅子上坐了一天一夜，一共四天四夜。最后一天他们分了几班，轮番讯问。"

同时，曹红彬描述了办案人员在讯问中对其实施威胁："说吧。不行的话我们破上一星期，你最终还是要开口。黑社会上的人不比你厉害？我们怎么让他们开口的？到时候几种刑罚给你用，不怕你不开口。"

3. 有线索表明办案人员存在严重的诱供、指供行为。

在刑讯逼供的同时，办案人员还存在严重的诱供、指供行为。曹红彬陈述："当我说到用石头时，公安局的人说你怎么知道？我说在医院时候我老婆的亲戚朋友都这么说的。公安局的人问多大的石头？我两手比画，直径10公分左右。公安局的人又说你好好想想就这么大？我说真不是我砸的我不知道多大，只有胡编。"

曹红彬在2005年9月22日一审庭审中，在回答公诉人的问题时和对有罪供述质证时都强调："（口供）是在公安局的逼迫下说的。""这是在他们逼迫下，按照他们的推断说的。"在2005年11月24日的庭审中，他在对有罪供述质证时也强调："在他们四天四夜的逼迫下，诱供下我编造（口供），不是事实。"

4. 鄢陵县检察院对于办案人员的调查笔录，并不能证明讯问取证过程的合法性。

2002年7月9日，鄢陵县检察院分别询问了办理本案的两位警察。在笔录中，检察院只询问了非常简单的问题：你们是怎样讯问他的？两位侦查人员均不承认自己刑讯逼供，均认为曹红彬自愿、如实供述了自己的罪行。

辩护人认为，证明讯问、取证过程合法性的证据，要包括讯问地点、讯问时间、讯问方式、是否保证休息和饮食、是否存在变相刑讯等内容。其中，违反法律规定在公安局内部工作场所执行指定居所监视居住，应当让办案人员作出说明，否则不能排除存在刑讯逼供等非法取证的可能。对于检察院的这种询问，侦查人员当然会正面否认，但该笔录并不足以证明侦查讯问行为的合法性。

（二）有罪供述的真实性严重存疑

1. 供述和现场勘查笔录之间存在矛盾。

（1）被害人秋衣内裤的位置不一致。

现场勘查记载："铁制折叠床呈'东北—西南'向放置。上有一床垫，在床西头放一枕头，枕头北侧有一女士秋裤及裤头。"结合现场照片，可以明显看到秋裤和裤头是放在床头枕头上面的。

曹红彬供述中提到其妻子翻滚到床西侧，落地之后，他上前脱掉秋裤，顺手扔到北边。根据其供述，被害人的秋裤只能落在地上，而不可能落在床头枕头上面。

（2）装钱的红色塑料袋去向不明。

曹红彬在其供述中提到：铁皮箱子里的钱，被他装进一个红色塑料袋，之后扔到了麦地里面。但是侦查人员勘查了抛弃铁皮箱子的地点，却没有发现红色塑料袋。

（3）作案凶器石头的形状差距甚远。

根据现场勘查及现场照片可知，作案用的石头呈不规则的矩形，重5.9kg，对比现场细目照片，长度在27cm左右。

而曹红彬在其供述中，对于石头的描述为："直径有10cm以下，七八公分大，不太圆。"这和现场勘查情况相差太远。

2. 供述和被害人伤情鉴定之间的矛盾。

（1）伤口位置不一致。

鉴定人员对被害人进行了损伤程度检验。检验情况记载为：头左颞顶部有4.5cm的星芒状疤痕，左眉弓处有4.5cm的疤痕，触及眶上缘不齐，左面颊有1.7cm的疤痕，下颌右侧有1cm的疤痕。以上疤痕均质软，较平坦。左眼直接对光反射消失。左耳听力下降。右上中切牙折断，暴露牙髓。右上侧切牙脱落。结合伤情照片，可以看出，被害人受伤部位集中于头部左侧和嘴部。

然而根据曹红彬的供述，被害人当时是"头朝南脸向西侧着身"。被害人头朝南、脸向西，其左侧脸应当是向下和枕头贴在一起的，右侧脸则暴露在外。曹红彬是站在床东侧动手，那么被害人受伤的部位理应是头部右侧。因此，供述和伤情鉴定存在重大矛盾。

（2）打击次数不一致。

根据伤情照片，被害人除了头部左侧和嘴部的伤情以外，其右肩靠前部位，有两片皮下瘀血，当时被害人盖有被褥，符合外力打击下，受被褥遮挡形成的皮下伤。

而根据曹红彬的供述，其一共只砸了两次，一次头部，另一次嘴部，供述和照片二者存在矛盾。

3. 钱款去向不明。

曹红彬在认罪供述中，供述红色塑料钱箱内钱款的去处为："到第二天在医院里我数了数钱，那时才知道有五六百元，全是50元、100元的票子，这钱在县城人民医院交药费了。"铁皮箱子内钱的去处为："铁皮箱里我知道全是零钱。有毛票，有分分钱，还有十元票面的，当晚那里面的纸币全在箱里的红塑料袋里。我到税务局西边的小路那时将箱里剩的分分钱倒到红袋里，将红袋扔到地里。我估计那一袋零钱总共有六七十元钱那样。"

但曹红彬在2005年11月24日的庭审中，已经明确说明："我用小孩他妗子的电话给我二姐打电话说让去送钱，我姐给了我1000元钱，我去收费处交钱，收费处说是900元钱，我说是1000元，收费处就说是900元，我一查，是900元，我就交了900元钱，我赶紧就和医生一块去抬我妻子，我见到我姐说你给我的是900元钱，不是1000元钱。"此点，其姐已经出庭作证予以证实。

在2005年9月22日的开庭中，审判长曾问曹红彬："当天去彭店给妹夫拉东西时身上有钱吗？"曹红彬回答："只有一二十块钱"。审判长再问："你回彭店之前有人给你钱吗？"曹回答："没有。"可见，当天曹红彬身上并没有钱，退一步说，即使曹红彬身上装有红色钱箱的五六百元，也不够缴纳医药费，还需要再缴纳三四百元，这三四百元钱是哪里来的？始终未查明。

如果真是曹红彬作案，其在已经供认故意杀人（伤害）的情况下，不可能，也没有必要再去隐瞒钱款去向。那只有一种解释，曹红彬的相关认罪供述，是在违背自己意愿的情况下按照侦查人员的诱导编造的，但由于他并非真凶，对钱款的去向并不知情，所以无论如何也供不出来。

4. 供述的行为顺序和真实情况相矛盾。

曹红彬的认罪供述中，说自己先到曹江家打的 110 和 120，然后送妻子去医院。实际上，曹红彬是先去的医院，然后让被害人的妹妹打的 120。

根据证人曹江的证言，是安开义的妻子去他家把他喊醒，说曹红彬让他打个 120，曹江本人打电话，结果拨到了许昌 120。

二、曹红彬提前听说了案件侦查情况，导致其有罪供述中部分细节与现场相符

公安机关认定曹红彬认罪供述属实的依据，是曹红彬部分供述内容和侦查所获情况相符。但曹红彬对此曾作出过合理解释：在其邻居、亲友去医院探访其妻子期间，曾经告知过曹红彬案发后的相关情况。

（一）彭店乡多人知道侦查情况

通过曹凯印和安开义的证言可知，税务所门前的红色塑料钱箱，是安开义在早上 5 点钟先发现的，随后喊上曹凯印一起去查看，并通知了公安机关，按照公安机关的指示，两人用纸垫着，将红色塑料钱箱拿到了曹红彬家的三轮车上。

通过罗潮和安开义的证言可知，罗潮在早上 6 点多钟，发现了抛弃的第二个铁皮箱子，并把铁皮箱子捡回自己的住处。然后在 7 点多的时候，

罗潮告诉了安开义自己发现了铁皮箱子。安开义还亲自到抛箱地点进行查看。

综上可知，在早上 7 点之后，安开义已经明确知道且实际前往两个抛箱地点。曹凯印、罗潮分别参与过提取两只钱箱，同样知道抛箱地点。

公安机关接到报警后，开始现场勘查的时间是早上 8 点，此时必然有多人围观，且安开义是现场勘查的见证人，近距离了解过相关侦查情况。以常理分析，彭店乡发生这么大的案子，众人之间难免互相议论，案件信息在很短的时间内就可以覆盖到大部分村民。换句话说，两个抛箱地点位置及作案凶器系石头等信息，在侦查初期已被众多村民知悉。

（二）曹红彬案发当日已经获知很多案情细节

在曹红彬的第一份询问笔录中，侦查人员问："你家丢啥东西了吗？"曹红彬回答："当时也没顾上看，刚才我听家里人说俺门市部的钱斗（塑料的）丢了，今天早上，在彭店地税所发现了。"这是曹红彬首次提及自己知道家里的塑料钱箱丢失，并且知道发现的地点。此时，曹红彬并没有被公安机关列入嫌疑对象，其笔录真实性不受影响。也就是说，在案发当天，曹红彬就已经知悉了包括钱箱丢弃位置在内的部分侦查情况。

安开义在检察机关的询问笔录中明确表示："第二天我去医院探望了一下"；"把彭店北面有几个孩子拍罗四的门给他讲了讲"；"第二天天亮，我发现了塑料钱箱在税务局门口放着，我打电话给曹红彬说了说，说箱子扔在税务局门口了。"

此案案情重大，安开义及其他亲友在探望曹红彬妻子时，告知曹红彬相关案件信息，实属常理。如果在探望时不提及案情，反而令人难以相信。故曹红彬在被公安机关监视居住之前，已经知道了部分案件侦查情况，故而能够在遭受难以忍受的痛苦折磨时，根据自己听说的相关案情编造作案经过，让办案人员误以为曹红彬的相关供述属实。

三、血迹形成机理已经被推翻

（一）曹红彬夹克衫上的点状血迹，系全案唯一指向他的物证

2002年4月21日，鄢陵县公安局出具了一份检验意见书，检验意见为：送检曹红彬衣服上右袖口发现的点状血迹及纽扣下面的点状血迹，为进溅性血迹。该检验的鉴定人为罗某和郑某，但二人均未签名，只盖有两人的人名章。

曹红彬在抢救被害人的过程中，难免和被害人有大量接触。曹红彬和邻居从地上把被害人抬到三轮车上，在送往彭店卫生院的途中，曹红彬在旁边扶着被害人的头部，他着急救人，几乎是一路小跑到医院。曹红彬在2005年11月24日的庭审中也陈述："我跟李承军说这是我老婆，他说伤得不轻呀。我老婆猛吐一大口血，李承军说不行还得转院，小孩他姨给我老婆拿的衣服，我说先给她止止血，在输水时，她吐过血。"可见，曹红彬完全有可能在救人过程中，被喷溅、甩溅上鲜血，从而形成进溅性血迹。

（二）相关鉴定之间出现矛盾

2004年4月28日，公安部接受许昌市中级人民法院的委托，出具了物证检验意见书。检验意见为：送检夹克衫上检见溅落、甩溅形成的暗红色斑迹；送检灰色上衣未检见溅落、甩溅形成的暗红色斑迹。落款附有鉴定人亲笔签名，形式完备。

这和鄢陵县公安局的相关鉴定直接矛盾：后者认定为进溅痕迹，前者认定为溅落、甩溅痕迹。从鉴定水平角度出发，公安部的检验意见应当更加权威、准确。

（三）座谈笔录已经推翻定案依据

2005年10月25日，河南省公安厅刑科所的痕迹高级工程师参与了座谈，座谈的结论为：溅落、甩溅、进溅血痕的形成机理一样，形成的血

痕都带方向性，但无法严格区分，三者无明显界限。

该座谈笔录，结合公安部的鉴定结论，已经实质上推翻了曹红彬夹克衫上系迸溅性血痕，并据此认定曹红彬实施作案的结论。

四、关键证人孟某已推翻自己的证言

孟某于 2004 年 3 月 11 日主动前往鄢陵县公安局举报，其向公安机关举报称：曹红彬在看守所羁押期间，告诉了他作案经过："他开着车回去后，先把车停放在他家门市部一边。哪边我就记不住了。然后捡起一块石头过去把他妻子砸死之后，就把她的衣裤脱掉，伪造了现场，然后又把一个钱箱扔到税务所门口，另一个扔到地里。作了案后，他又把车停放到税务所院内，然后他回到现场。"孟某的证言，也是原审判裁判认定曹红彬构成犯罪的重要依据，但该证言的真实性明显有问题。

（一）举报时间不符合常理

孟某 2002 年时和曹红彬关在同一个看守所的同一个监号里，为何两年之后才到公安机关主动举报？其真实动机令人疑惑。且其主动举报作证的时间节点，恰好在河南省高院第一次裁定发回重审之后，此时孟某突然出现，难免令人生疑。

（二）举报作证内容和案情不符

根据孟某举报的内容，曹红彬是先把车停在他家门市部，做案之后，又把车停放到税务所院内的。该行为顺序明显和实际案情不符，根据查明的情况，曹红彬是先把车停在税务所院内，之后回家才发现妻子被害。

（三）孟某后来推翻了自己的证言

在本案复查期间，许昌中院有两位法官曾于 2013 年 8 月 27 日到郑州市监狱，向正在因诈骗罪服刑的孟某了解情况。孟某在接受询问时，直接推翻了自己之前在公安机关的证言：一是否认 2004 年 3 月 11 日到鄢陵县公安局举报过曹红彬，否认其在公安局作过笔录，否认相关的笔录内容是他说的；二是承认自己之前去法院出庭作证，是受人指使的；三是他并不能确定曹红彬就是凶手，只是通过聊天，怀疑是曹红彬干的。

据此，作为原审重要定罪证据之一的孟某证言，被彻底推翻。

五、曹红彬是否有作案时间存疑

（一）作案时间被锁定为 46 分钟

根据许昌电信业务话单记载，曹红彬和某女打完电话的时间，是 20 日凌晨 2：09。另据鄢陵县急救中心接诊登记表记载，接到 120 救助电话的时间为 20 日凌晨 2：55。

即如果认定曹红彬是真凶，其作案时间被锁定在该 46 分钟内。

（二）多位证人证明曹红彬不具有作案时间

邻居曹江证明，安开义的妻子喊自己打电话的时间"约莫着两点半左右"。邻居安开义证明，"他喊时有两点半左右，具体我没有看表"。尽管邻居的证言均不够精确，但是应当可以认定他们在凌晨两点半左右听到曹红彬喊人。

（三）办案机关两次侦查实验的科学性不足

卷宗材料显示，办案机关曾经作过两次侦查实验，第一次是在 2002 年 4 月 23 日晚 00：00—00：16。从县城十字街驾驶松花江面包车以 30km/h 的速度到达税务所，用时 16 分。公安机关独立完成本次侦查实验。

第二次是在 2004 年 7 月 30 日，由鄢陵县公安局、许昌市人民检察院、许昌市人民法院共同参与。时间是早 9 ：00—10 ：00，模拟了全过程，驾车用时 20 分钟，从作案到救人，用时 19 分 10 秒。共计 39 分 10 秒。

但两次侦查实验均存在明显问题：首次侦查实验没有模拟全部过程，仅仅模拟了驾车时间，科学性不足。第二次实验，与案发时间间隔久远，案发当年正在修路，现在路已修好，路况完全不一样；且实验时间不是在案发时的深夜，而是选择在早 9 ：00—10 ：00 时，此时视线良好，和夜晚赶路情况完全不同。因而，侦查实验结论的准确性明显不足。

退一步讲，即使认可第二次侦查实验 39 分 10 秒的实验结果，曹红彬在仅有的 46 分钟时间内，几乎要不间断地实施一系列行为，才能完成全部操作，如果是他预谋作案，怎会给自己预留这么紧张的时间？

六、曹红彬不具有作案动机

曹红彬和某女虽然有私情，但是他根本没有离婚的想法。在妻子的协助下，曹红彬的生意开展得很好，而且他们还有两个孩子，他没有想打破这种局面。曹红彬在 2005 年 9 月 22 日的庭审中表示："我从没想过和某女重新组织一个新的家庭，我老婆她妈对我很好，我和我老婆也只有在我喝点酒的时候才会吵架。"曹红彬在 2005 年 11 月 24 日的庭审中表示："我没有想过和我老婆离婚。"可见，认定曹红彬的作案动机是通过伤害妻子达到离婚目的，进而和某女结婚，这是说不通的。

综上所述，原审据以认定曹红彬犯故意伤害罪的相关证据，不确实、不充分。本案缺乏能够证明曹红彬作案的客观证据，曹红彬的唯一一份有罪供述，系办案人员以刑讯逼供等非法手段获取，且虚假性明显，不能作为定案的根据。其余定罪证据，包括对曹红彬夹克衫上的点状血迹的相关鉴定、证人孟某的证言等，亦已经被推翻，不能用于证明曹红彬作案。

许昌市人民检察院受理了曹红彬的申诉后，经过审查，于 2012 年 5 月 10 日，向许昌市人民法院发出了检察建议书，建议依照审判监督程序重新审理。许昌市人民法院于 2016 年 12 月 20 日作出了再审决定。

许昌市人民法院于 2017 年 12 月 19 日公开开庭再审了本案,曹红彬当时已经服刑完毕,到庭参加庭审。本以为案件可以翻过来,但是半年以后,2018 年 6 月 20 日,许昌中院作出裁定,将本案发回鄢陵县人民法院重新审理,案件又回到了原点,陷入发回重审的"循环圈"。

从 2018 年 8 月份开始,律师多次和鄢陵县法院沟通,法院迟迟没有开庭安排,承办人也一直没有确定。直到 2019 年 2 月份,案件才有了新的进展,许昌中院决定将此案指定到禹州市人民法院审理。

2019 年 5 月 13 日,禹州市人民法院公开宣判,认定曹红彬故意伤害罪不成立,改判无罪。

禹州市人民法院再审查明情况如下。

2002 年 4 月 20 日凌晨被害人李瑞玲在自家的糖烟酒批发部门前被他人砸伤,曹红彬喊起邻居等人,将被害人李瑞玲送往医院救治。

根据查明的上述事实及证据,针对原审被告人的辩解及其辩护人的辩护意见和禹州市人民检察院出庭检察员的意见,本院综合评判如下。

第一,关于原审被告人作案时间题,据曹红彬供述,他凌晨 2 点多(2∶09 分)从鄢陵县城开车回家,到家后发现李瑞玲被害,其邻居证明 2 点 30 分曹红彬喊其救人,说明伤害行为应当发生在 2 点半以前,模拟实验均无法证明曹红彬有作案时间。

第二,曹红彬的有罪供述与现场勘验不一致。

1. 关于作案工具,现场提取的是一块长方体白色石头(有血迹),而曹红彬有罪供述的作案工具是一块白色石头,直径有 10cm 以下,七八公分长,不太圆。供述与现场提取的石头明显不一样,且公安机关对现场提取的石头也未进行检验。

2. 李瑞玲的受伤部位与曹红彬的有罪供述不一致,曹红彬供述他是站在床东边砸的李瑞玲,当时李瑞玲是头南脚北脸朝西侧卧在床上,其受伤部位应当是右脸而不是左脸,况且当时,李瑞玲是蒙头而睡。

3. 鉴定结论之间存在矛盾。鄢陵县公安局的检验意见书认定曹红衣服上发现的点状血迹为迸溅血迹，而公安部检验意见书认定，夹克衫上检见溅落、甩溅形成的暗红色斑迹。

4. 曹红彬一直供述，他从税务所出来后，曾看到一位骑摩托车的男子慌慌张张往西跑了，但未引起公安机关重视，也未核实真假。

法院认为，曹红彬故意伤害的事实不具有唯一性和排他性，原公诉机关指控的犯罪事实不能成立，辩护人关于本案证据不确实、不充分的辩护意见和禹州市人民检察院关于本案事实不清、证据不足的意见，均予以采纳。判决曹红彬无罪。

2019 年 8 月，曹红彬以再审无罪为由，向许昌市中级人民法院提交国家赔偿申请。许昌市中级人民法院作出赔偿决定，曹红彬共计获得国家赔偿金 233 万余元。

律师手记

正义的接力

张旭华

曹红彬曹红彬案被尚权所纳入"蒙冤者援助计划"

曹红彬通过多种途径，得知中国政法大学刑事法律援助研究中心和北京市尚权律师事务所联合发起一项"蒙冤者援助计划"。为了寻求帮助，曹红彬于 2018 年 7 月下旬，和其子曹龙一起到达尚权所，介绍了自己案子的相关情况，并留下了部分材料，尚权所律师助理迪力亚接待了曹红彬。

8 月初，尚权所内部讨论"蒙冤者援助计划"的相关申请，按照程序确定入围案件。律师助理迪力亚对曹红彬案件作了详细介绍，参与讨论的律师都认为该案疑点重重，最后毛立新主任和"蒙冤者援助计划"负责人高文龙律师，一致同意将该案件纳入"蒙冤者援助计划"，全部办案费用，由尚权律师事务所承担。

毛立新主任、张旭华律师主办此案

尚权律师事务所指派毛立新主任、张旭华律师主办此案，为曹红彬提供法律援助。经过进一步沟通后，律师全力投入案件的辩护工作中。

（一）阅卷

时间不等人，毛立新主任、张旭华律师决定第一时间赶赴鄢陵县法院阅卷。二人于2018年8月13日到达鄢陵县法院，但是只复制了部分材料。他们得知其余卷宗材料被鄢陵县检察院拿走查阅，就又和检察院联系，及时复制了相关材料。

（二）现场考察

阅卷之后，毛立新主任、张旭华律师、律师助理迪力亚在曹红彬的陪同之下，冒着酷暑高温，沿着当年曹红彬返家的行车路线来到案发现场进行实地考察。经过此番考察，两位律师更加坚信了此案系冤错案件的分析判断。

（三）探访曹家

现场勘查之后，一行人赶往曹红彬家住处。曹红彬被判刑投监后，他的妻儿便流落他处，不再居住于此地。15年没有人居住的老房子，非常破败，令人感慨万千。

（四）突破案件核心争点

复制卷宗之后，毛立新主任、张旭华律师开始研究卷宗材料，尚权律师事务所同时指派实习律师张俏、中国政法大学实习生蓝子良协助制作阅卷笔录，经过律师团队的初步工作，确定了本案定罪的三大核心证据：一是曹红彬的有罪供述；二是曹红彬右袖口上的血迹，被鉴定为迸溅性血迹，进而认定是曹红彬举起石头砸被害人时留下的物证；三是证人孟某的证言，该证人曾经和曹红彬在同一个看守所监号里关押，其指证曹红彬向其描述了作案的整个过程。

在毛立新主任的带领下，律师团队进行系统的证据分析，发现三大核心证据均不能成立。首先，曹红彬唯一的一次有罪供述，合法性、真实性均存在重大问题。曹红彬被监视居住的地点，就在鄢陵县公安局院内，曹红彬被铐在铁椅子上面四天四夜，才形成了唯一一份认罪供述。不仅有线索表明4天内曹红彬遭遇了严重的刑讯逼供，同时有线索表明公安机关存在严重的诱供、指供行为。另外，其有罪供述和现场勘验检查笔录、被害人伤情鉴定之间充满矛盾。有罪供述中钱款去向不明，曹红彬供述其把一部分钱装在一个红色塑料袋中丢弃在田地中，但始终没有发现钱款下落。这些均表明供述的虚假成分很明显。

其次，本案缺乏客观证据证明曹红彬实施了故意伤害行为。曹红彬右袖口上的迸溅性血迹，是全案唯一指向犯罪嫌疑人的物证。但是曹红彬存在抢救被害人的行为，到底抢救过程中是否能够形成该血迹，成为争议焦点。在案件第一次被河南省高院发回重审之后，许昌市中院委托公安部做了重新鉴定，鉴定结论为溅落、甩溅痕迹，而不是迸溅性血迹，鉴定之间出现直接矛盾。鄢陵县人民检察院撤回起诉之后，曾经找到相关的痕迹专家进行座谈，座谈的结论为：溅落、甩溅、迸溅血痕的形成机理一样，形成的血痕都带方向性，但无法严格区分，三者无明显界限。这样一来，已经实质上推翻了迸溅性血痕作为定案依据的科学性、准确性。

最后，证人孟某的指证、举报时间不符合常理。孟某2002年和曹红彬关在同一个监号里，两年之后才到公安机关反映情况，诉讼时点为河南省高院第一次裁定发回重审之后，其真实动机令人怀疑。同时举报内容和案情不符，其证言和其他证据无法印证。最重要的是，2013年许昌市中院找孟某核实当年指证曹红彬的相关情况时，其否认了自己曾经到公安机关举报曹红彬的事实。

另外，曹红彬不具有作案时间。案发当日，曹红彬帮朋友开车往许昌送轮胎，办完事回到鄢陵县城给某女打了一个电话，时间是凌晨2：09，有电信业务话单为证。而鄢陵县急救中心接诊登记表记载，接到120救助电话的时间为凌晨2：55。如果认定曹红彬是真凶，作案时间只有46分钟。鄢陵县公安局、检察院、法院在2004年曾经做过侦查实验，模拟了曹红彬打完电话驾车回家、停车、喊人、救人的全过程，共计用时 39 分 10 秒。但是该侦查实验存在三个问题：一是案发时在修路，侦查实验是两年后进行的，路已经修好。二是案发时是深夜，侦查实验是在白天做的。三是即使不考虑路况、视线等问题，曹红彬在仅有的 46 分钟内，几乎要不间断运动，才能完成全部操作，如果是自己预谋作案，谁会给自己预留这么紧张的时间？

在对案情进行全面研究之后，毛立新、张旭华律师完成了辩护意见、质证意见等开庭材料，准备开庭。

改变管辖

但是案件的进度却停滞了，从 2018 年 8 月份开始，律师多次和鄢陵县法院沟通，法院迟迟没有开庭安排，承办人也一直没有确定。直到 2019 年 2 月份，案件才有了新的进展：改变管辖，许昌市中院决定将此案指定到禹州市法院审理。

2019 年 2 月 25 日，张旭华律师、迪力亚到达禹州市法院阅卷，并和禹州市检察院承办人进行了沟通。

开庭审理

案件转到禹州之后，案件审理进程步入正轨，最终定于 4 月 11 日开庭。4 月 10 日，毛立新主任、张旭华律师、迪力亚到达许昌，认真做好庭前沟通及准备工作。

后记

17 年的冤屈，15 年的牢狱，夺走了曹红彬很多东西。迟来的正义究竟还算不算正义，谁也说不清，无论如何，曹红彬终于在两鬓斑白之际，可以开始新生活了。

在这个案件的办理过程中，我们再次深刻地感受到，每一起冤案的平反，都是一场正义的接力！在这个漫长的过程中，需要辩护律师前赴后继的努力，也需要每一位案件参与人从不同角度不断地争取、不断地抗争。永不放弃，才会看到曙光。

应该感谢许昌市、禹州市两级人民检察院秉持客观公正的立场建议纠正此案，感谢许昌市中级人民法院作出再审决定，感谢禹州市人民法院最终作出无罪判决，还应感谢本案之前的诉讼程序中坚持作无罪辩护的蒋德清律师、付红丽律师，感谢为此案平反作出贡献的每一个人！

评析

刑讯逼供、不可靠的鉴定、狱侦耳目，这三个关键词很容易让人联想到河南马廷新案和浙江张氏叔侄案。2002 年河南农民马廷新因"5·30"灭门案被采取强制措施，于 2008 年无罪释放。此案的主要指控证据包括，经刑讯逼供取得的有罪供述，不可靠的足迹鉴定，以及名为袁连芳的狱侦耳目的证言。2013 年 3 月浙江张氏叔侄因杭州"5·19"奸杀案被立案侦查，2004 年被错误定罪处罚，于 2013 年 3 月 26 日经再审改判无罪释放。此案原审定罪的主要证据同样是经刑讯逼供作出的有罪供述、不可靠的 DNA 鉴定，以及狱侦耳目的证言。

我们打开曹红彬案的裁判文书，脑海中再次浮起这三个关键词。该案律师的辩护工作也主要围绕这三个关键词展开。

经刑讯逼供取得的曹红彬的有罪供述。经过侦查，曹红彬作出有罪供述，承认自己故意伤害妻子。但是曹红彬称自己是在遭受四天四夜的刑讯逼供后被迫作出的虚假供述。辩护律师围绕曹红彬的有罪供述，提出刑讯逼供线索、提出办案人员作出的"未刑讯的陈述"无法确认取证合法性、缜密分析了有罪供述的矛盾和不合理之处，从而否定有罪供述的真实性。

不可靠的鉴定。曹红彬右袖口的血迹一开始被鉴定为迸溅性血迹，后又被鉴定为溅落、甩溅痕迹。已有两份不同的鉴定结果，但司法机关也许认为这仍不能排除曹红彬的作案嫌疑。该案在河南省高院第二次发回由鄢陵县人民法院审理期间，鄢陵县人民检察院曾撤回起诉，之后他们曾经找到相关的痕迹专家进行座谈，座谈的结论为：溅落、甩溅、迸溅血痕的形成机理一样，形成的血痕都带方向性，但无法严格区分，三者无明显界限。

至此，指控曹红彬的物证已不存在。

狱侦耳目（疑似）。2002 年曹红彬与孟某被羁押在同一监号里，两年后曹红彬案被河南省高院发回重审，孟某在此关键时刻前往公安机关反映情况，指证曹红彬向其描述了作案的整个过程。但 2013 年许昌市中级人民法院再向其核实时，其对此予以否认。

从这个案件我们可以看到，办案律师付出的巨大艰辛和努力；也看到为该案件付出努力的前辩护律师；还看到在该案办理过程中，有过无罪判决、有过发回重审、有过改变管辖、有过撤诉、中院找证人核实过情况、再审过程中检察机关也作出了存疑无罪的论证……可见，在曹红彬案件中，也有检察官、法官为公正审判付出了努力。但我们更应当看到，非法证据排除规则从法律文本走向司法，已经付出了足够多的代价。为了避免更多的代价，这些被纠正的案件，都应被铭记。

"报复性起诉"的无罪判决

江南宇　施晓俊

📽 回顾

万明候系江西省余干县的一名商人，从事建筑行业，与被害人张志成相识多年，在多个商业项目上有过合作，也有长期的经济往来，并共同非法参与赌博活动。在此过程中，张志成陆续欠下万明候借款、合作工程分红款及赌债共计约 110 万元。

为了索要欠款，2015 年 1 月，万明候邀请张彬、张志聪在张志成面前演了一出"苦肉计"，计划以张彬、张志聪向万明候要债的形式，激发张志成的同情心，达到让张志成还款的目的。

当晚，万明候与张志成在车上对了账，对之前的若干笔欠款进行清算，达成了总计应还款 110 万元的合意。2015 年 3 月 25 日，张志成与万明候再次达成合意，撕毁了之前的所有借条，综合具结了一张 100 万元的借条。

而这张借条最终竟成为指控万明候对张志成实施敲诈勒索的证据，一起正常的民事纠纷演变为刑事案件。

❀ 案件

2016 年 1 月初，万明候与朋友张彬在向张志成"收账"的过程中，被余干县公安局的民警抓获，随后被刑事拘留。

万明侯被刑事拘留后，遭受了公安人员的刑讯逼供，他的牙齿因刑讯逼供脱落，手腕上也留下了无法消退的手铐痕迹。其家属聘请的当地律师在工作过程中遭遇重重阻力，直到外地律师接受委托后与其会见时，万明侯才将其遭受的不公正对待向律师和盘托出。

辩护律师发现刑讯逼供的证据后，立即向公诉机关反映，并当面与主管副检察长沟通，充分说明本案存在刑讯逼供且没有其他客观证据，建议公诉机关撤回对本案的起诉。

然而事态不但没有好转，反而急转直下，该副检察长居然将万明侯的儿子叫到办公室，要求他辞掉从上海聘请的律师，并称："他们都是骗子，还想威胁我们撤诉，不可能，我们院几十年来都没撤诉过。"

祸不单行，在公诉机关要求家属解聘外地律师后不久，余干县检察院向余干县法院追加起诉了一起"敲诈勒索事实"，指控万明侯于2011年伙同他人指使"小高"（女）与张志成发生关系，并拍摄裸照、性爱视频，向其敲诈勒索30万元。在这起如此严重的指控中，公诉机关没有对涉案的其他嫌疑人进行追诉，甚至连所谓的被指使与张志成发生性关系的女子是否确有此人都尚未查清。这起"事实"早在前面的侦查阶段就已经纳入了侦查范围，并且针对同案犯进行了报捕，当时检察院认为不符合逮捕条件未予批捕，在审查起诉时也未起诉。

针对"敲诈勒索100万元"的行为，起诉书指控：2015年1月份的一天，万明侯约张彬、张志聪吃晚饭，叫二人帮忙威胁被害人张志成，逼迫张志成向其出具一张100万元的欠条，以便日后持该欠条向张志成索要钱财，张彬和张志聪表示同意。饭后，万明侯独自驾车将张志成带至城北一偏僻地段，张彬、张志聪驾驶另一辆车跟随在后。在车中，万明候用言语威胁张志成，并向其索要100万元，张志成予以拒绝。万明侯遂叫张彬和张志聪二人上车，按事先商量好的办法，以张志成本人及其家人的人身安全相威胁，张彬还拿出事先和万明侯一起购买的仿制手枪顶在张志成的后腰。张志成因害怕，被迫按照万明侯的要求写了一张借款100万元的借条。之后，万明侯凭该借条多次找张志成"收账"。2015年5月13日，张志成通过农村信用社向万明侯汇款28万元，并在借条上注明"已付28万元"。2015年5月31日，张志成再次付给万明侯2万元现金，并在借条上注明"已还30万元"。

2016年1月8日，万明侯伙同张彬再次给张志成打电话要钱，张志成向余干县公安局报案后，公安机关将万明侯和张彬抓获。2016年1月11日，张志聪主动到余干县公安局投案。

检察院认为，被告人万明侯伙同张彬、张志聪以非法占有为目的，敲诈勒索他人财物30万元，数额巨大，其行为触犯了《刑法》第274条之规定，犯罪事实清楚，证据确实、充分，应当以敲诈勒索罪追究其刑事责任。

针对在厦门敲诈勒索的行为，追加起诉书指控：2010年8月，被告人万明侯在厦门市思明区开办了一家房屋中介公司（以下简称厦门中介公司），章卫东、万先华（另案处理）系其公司员工。因公司经营状况不善，万明侯遂计划将张志成带到厦门，安排其与女员工"小高"发生性关系并拍照，然后以裸照威胁张志成并敲诈其钱财。章卫东、万先华均未表示反对。

2010年8月28日，万明侯带张志成乘机抵达厦门，万明侯遂安排章卫东、万先华、女员工"小高"等人与张志成见面，并介绍万先华系"小高"的男朋友。之后安排"小高"与张志成在公司会客室发生性关系，并偷拍下照片。次日，万明侯以照片威胁张志成拿15万元向厦门中介公司入股，作为弥补万先华和"小高"的"损失"，张志成被迫答应。张志成返回余干县后，因万明侯不断催促其拿钱，其遂于2010年9月5日再次乘机抵达厦门，次日从其建设银行卡中取款1.3万元，凑齐2万元交给了章卫东作为定金，由章卫东和张志成签订了《中介公司合作意向书》。张志成返回余县后于2010年9月7日应万明侯的要求向章卫东的农业银行账户现金存款10万元，9月8日再次向该账户现金存款3万元。

万明侯、章卫东、万先华为再次敲诈张志成，于 2010 年 10 月 11 日，由万明侯将张志成带至南昌某宾馆与章卫东、万先华碰面，万明侯等三人以"小高"怀孕且拿走公司 20 万元为由威胁张志成赔偿公司损失，张志成被迫同意。当即，万明侯等三人将张志成带至宾馆附近的银行，张志成被迫用其建设银行卡往万明侯提供的银行卡转账 15 万元。

检察院认为，被告人万明侯以非法占有为目的，敲诈勒索他人财物 30 万元，数额巨大，其行为触犯了《刑法》第 274 条之规定，犯罪事实清楚，证据确实、充分，应当以敲诈勒索罪追究其刑事责任。

在公诉机关坚持起诉的情况下，辩护律师只好寄希望于法院的公正审理，并向法院提出了非法证据排除、调取证据和召开庭前会议的申请。遗憾的是，一审法院在庭前会议后驳回了全部非法证据排除的申请，经过两次开庭审理之后，一审法院判处万明侯有期徒刑 11 年，判处第二被告张彬有期徒刑 3 年 6 个月，判处第三被告张志聪有期徒刑 3 年。

三名被告人始终坚持自己是无罪的，并在一审判决后上诉，辩护律师再次向二审法院提交非法证据排除申请。

2017 年 12 月 17 日，上饶市中级人民法院以"事实不清，证据不足"为由裁定撤销原判，发回重审。

2018 年 11 月 26 日，余干县人民法院采纳了辩护人部分非法证据排除的意见，但变更理由，再次对万明侯判处有期徒刑 11 年，万明侯当庭表示继续上诉。

京衡律师集团上海事务所、北京盈科（上海）律师事务所接受万鹏吉的委托，并征得万明侯本人的同意指派江南宇律师、施晓俊律师担任本案重审阶段的辩护人。辩护人在接受委托期间，多次会见万明侯，并听取了万明侯本人的意见，也仔细查阅了案卷。辩护人坚持认为，本案三名被告人均遭受了侦查机关严重的刑讯逼供、侦查机关对相关证人的取证不合法，由此产生的证据不具有合法性，且两起"事实"的证据链均不完整，万明侯被指控的两起"犯罪事实"均不存在。重审阶段一审法院作出的判决既无事实基础，也无法律依据，论证过程无逻辑，判决结果很荒谬。

例如，一审法院对于"万明侯伙同张彬、张志聪在 2015 年 1 月用仿制手枪威胁张志成打借条"的"事实"因证据不足而不予认定，辩护人对此观点予以认可。但是，在公诉机关未补充、增加、变更起诉且没有新事实、新证据的情况下，一审法院作出超出公诉范围、对"新犯罪事实"的判决，无论是从实体还是程序的角度来说，都明显违法。

辩护人还认为，完全不存在拍摄裸照敲诈的事实，其真实情况仅系万明侯与张志成之间的正常交往行为，甚至在公安机关违规插手本案经济纠纷前，二人之间连民事纠纷都不存在。

一、一审法院对事实的判决缺乏基本证据支持，在案证据远未形成证据链

万明侯当庭多次陈述其对张志成所享有的"110 万元债权"的大致构成情况，其中其自认存在 25 万元左右的"赌债"。但是，对于该事实，公诉机关、侦查机关均未查清，存在诸多问题。

（1）万明侯及张志成双方对于赌博的次数、地点、参与人、赌博金额等均陈述不一致。

（2）双方均认为共同参与赌博的"上官文强"否认存在赌博事实。

（3）张志成在侦查机关所做的笔录中提到过"与上官文强一起赌博"的事，其笔录中主张的赌债高达数百万元，公诉机关在审查起诉时认为这起事实"事实不清，证据不足"所以并未提出指控。且在之前的数次开庭中，辩护人就此问题询问过公诉人，公诉人曾当庭解释过未指控的原因。

（4）万明侯主张的债权构成复杂，在没有证据支持的情况下，一审法院直接认定张志成已经归还的 30 万元属于赌债，这一认定显然不当。

在多种债务明显混同时，一审法院是如何精准认定已经归还的部分款项就是赌债的呢？根据一审法院的这一认定逻辑，辩护人同样主张将已经归还的 30 万元认定为张志成欠付的其他款项，而不包含任何赌债。

二、在公诉机关未补充、增加、变更起诉的情况下，一审法院强行判决明显违法

本案已历经 4 个审判阶段，共计 8 次开庭，在这么长时间的诉讼活动中，公诉机关仅在一审第一次开庭前增加起诉了一起"事实"，在此后的全部诉讼活动中，从未补充、增加、变更起诉，同时，也没有提交与"100 万元借条"相关的任何新事实、新证据。在此情况下，不知出于何种考虑，一审法院居然开创性地在起诉范围之外强行判决。对于这一判决的违法性，辩护人无意作出更多评价，只希望二审法院能够及时予以纠正。

三、一审法院以"赌债"倒推三被告人的"非法占有主观故意"，违反罪刑法定原则

1.《最高人民法院关于对为索取法律不予保护的债务非法拘禁他人行为如何定罪问题的解释》规定："行为人为索取高利贷、赌债等法律不予保护的债务，非法扣押、拘禁他人的，依照《刑法》第 238 条的规定定罪处罚。"《刑法》第 238 条规定的罪名是"非法拘禁罪"，且必须要实施了"非法扣押、拘禁"行为才能构成此罪。而本案中：（1）不能认定具体赌债金额；（2）一审判决已经认定不存在暴力、胁迫收款的情节；（3）刑法或其他相关法律法规、司法解释没有"收取赌债即构成敲诈勒索罪"的规定，现行法律只规定了类似情节中的"非法拘禁罪"。

2. 赌债属于"不受法律保护的债务"这一基本观点是毋庸置疑的，但其"非法性"的体现应当是在私法领域，应当是指"在因赌债而向债务人

主张债权时，人民法院不予支持”。而不应当由“赌债”而直接推论出三被告人具有“非法占有的目的”。

3. 在三被告人的侦查阶段的笔录被排除的情况下，没有任何证据证明张彬、张志聪"明知其实行的是非法行为，仍与万明侯共同故意对张志成采取了威胁手段"。

四、一审判决认定前后矛盾

一审判决对三被告人侦查阶段笔录的认定及"认定赌债构成敲诈勒索"问题作了论述，其中：

1. 以万明侯、张彬、张志聪侦查阶段的讯问笔录不具合法性为由不作为定案依据。

2. 判决认为"被害人陈述的 2015 年 1 月的一天，万明侯伙同张彬、张志聪用仿制手枪威胁被害人张志成，逼迫张志成向其出具一张 100 万元的借条的事实，无其他证据予以佐证，故对'万明侯伙同张彬、张志聪在 2015 年 1 月用仿制手枪威胁张志成打借条'的事实不予认定"。

3. 判决认为"本案中万明侯伙同张彬、张志聪三人在晚上将被害人张志成带到无人的地方进行'收账'，并进行威胁的行为，足以造成被害人张志成产生恐惧心理"。

从判决的上述行文来看，辩护人认为其存在基本的逻辑矛盾：首先，一审判决否定了三被告人侦查阶段讯问笔录的合法性，其直接后果显然是对于这起事实是否存在"威胁"情节的指控证据仅剩被害人张志成的陈述；其次，以证据不足为由否定了被害人陈述中"持手枪威胁"的情节；最后，在没有任何证据（既否定了三被告人口供的合法性，又否定了被害人张志成陈述）的情况下，直接认定万明侯"进行威胁"。

也即，一审判决对这一情节的认定显然前后矛盾，逻辑混乱。

五、本案不存在犯罪事实，关于"厦门裸照敲诈"的指控缺乏客观证据，在案证据未能形成完整的证据链

余干县检察院在之前的诉讼程序中经过申请延期审理，在公安机关侦查数月也未查清，在没有增加任何与该案基本事实有关的新证据的情况下，强行将此"犯罪事实"追加起诉。辩护人认为，公诉人就此事对万明侯的指控事实不清、证据不足。

1. 此"犯罪事实"中的关键人物"小高"信息不详，甚至连基本身份都未查实，如何确定万明侯指使其实施了此"犯罪行为"？从某种程度来说，可以认为"小高"是该起"犯罪行为"中的一个"作案工具"，那么"小高"的具体身份、去向以及她的陈述都是决定这起事件罪与非罪、罪轻与罪重的关键，在如此关键的人物信息都未查清的情况下，如何确定此事确实发生过？

打个不恰当的比喻：从某种程度来说，在强奸罪当中，男性外生殖器就是其犯罪工具之一，也就是说一名没有外生殖器的男性是无法成为强奸罪的直接正犯的。在本案中也一样，如果根本没有"小高"这样一个人的存在，公诉人对此事的指控就如同空中楼阁。

2. 此"犯罪事实"中最基本也是最关键的物证——张志成被偷拍的裸照及视频不存在。辩护人认为，不能排除所谓的偷拍的裸照和视频从来都不存在、万明侯及任何万明侯指使的其他人从未拍过张志成的任何裸照或视频的合理怀疑。2013年发生在重庆的"雷政富案"大家想必都很清楚，该案使用不雅视频敲诈雷政富300万元的肖烨最终被定罪，就是因为重庆检察机关不仅取得了赵红霞（相当于该案中的"小高"）的详尽口供，而且直接出示了肖烨偷拍、偷录的雷政富的不雅视频及照片。而本案中，不仅"小高"的身份未查实，而且所谓的视频和照片也未查实，在这些基础证据都不存在的情况下，万明侯显然不应被定罪。

3. 厦门中介公司会客室（会议室）被公诉人认定为该起事件中张志成与"小高"发生性关系的场所，但是，辩护人认为，笔录中描述的场所根

本不存在。侦查机关对这一事项根本没有进行过调查，侦查机关及公诉人都没查证过该公司的具体位置、所在小区、单元号、楼层、房号等，也没查证过该办公室的户型、布局、面积、装修情况、租期等，更没找过房东调查核实与该房屋有关的其他情况。

根据万明侯当庭的陈述，该中介公司当时租用的是一套三室一厅的民居，主卧是他的办公室，另外两间卧室分别用作经理室及财务室，客厅是普通文员、业务员的办公区，每间办公室都很小，装修简陋，没有会客室或会议室，没有长沙发。辩护人认为，该中介公司根本没有可供"作案"的场所，没有可供"发生性关系"及过夜睡觉的长沙发，也没有可供"作案"的安装偷拍设备的条件。

4. 章卫东、万先华未被起诉是不正常、不符合法律规定的。根据公诉人对该起"犯罪事实"的指控，万明侯、章卫东、万先华三人显然属于共同犯罪，章卫东、万先华本应也站在被告席上。但是不知道出于何种原因，公诉人并未对章卫东、万先华二人进行指控。公诉人对于未起诉此二人的原因应当向法庭作出说明：究竟是因为章卫东、万先华违心地作出了对万明侯不利的证言才换取的不被起诉？还是公诉机关认为此二人根本不构成犯罪？辩护人认为：（1）如果是因为此二人作为"污点证人"来指证万明侯犯罪才换取了其二人的自由，其陈述是不客观的，其二人的"证言"是经不起推敲的；（2）结合章卫东、万先华自己笔录中的陈述，如果公诉人是认为此二人不构成犯罪，那么万明侯也不可能构成犯罪。

5. 章卫东、万先华的供述是在公安机关的诱导下作出的，该二人的供述不客观、不真实，并非其真实的意思表示。辩护人在查阅案卷时发现了一个非常有趣的现象：张志成 2016 年 8 月 5 日及 9 月 10 日的笔录中称先给了章卫东 2 万元现金，后又向章卫东转账 15 万元整；在章卫东 2016 年 8 月 7 日（被刑拘当日）、8 月 8 日及万先华 2016 年 8 月 7 日（被刑拘当日）、8 月 8 日的讯问笔录中，他们对于这 2 万元现金加 15 万元转账的陈述与张志成的陈述均出现了惊人的一致。可笑的是，公安机关在 2016 年 9

月18日经查询发现张志成向章卫东转账的金额是10万元加3万元，张志成在2016年9月21日的陈述中经过询问人的引导后立马改口称是先给了2万元现金，随后转账13万元，而章卫东、万先华的第四次讯问笔录（2016年10月22日）中针对这一问题同样改变了说法。如果是张志成一人针对此事出现了记忆错误，完全正常，但是在本案中，张志成、章卫东、万先华三人针对同一事情在同一时间段内均出现了与事实完全不符但是又惊人一致的陈述，这种惊人巧合发生的原因是什么？很显然，章卫东和万先华二人的讯问笔录应当被人民法院依法排除，不应作为定案根据。

6. 万先华的2016年8月7日和8月8日讯问笔录中供述的主体内容完全一致，连标点符号都没有变化，复制粘贴的痕迹明显，侦查机关此举想以笔录数量来证实一个虚假的陈述。2016年8月7日万先华讯问笔录第4页最后一段自"公司挂靠在章卫东弟弟……"至第10页"我没有得到任何好处，我也没有听到章卫东得到什么好处"的内容，与2016年8月8日万先华讯问笔录第2页"公司挂靠在章卫东弟弟……"至第7页"我没有得到任何好处，我也没有听到章卫东得到什么好处"的内容完全一致，8月8日的笔录中仅是删减了部分问题而已，其余部分连标点符号都没有改动，明显是复制粘贴得来的。任何正常人回忆几年以前发生的事，记忆的内容都会存在一定的误差，对不同的时间、不同的事情所作的高度雷同的笔录，违反正常人记忆规律，严重违反常理，完全有理由怀疑万先华讯问笔录的真实性，应当依法排除、不应采信。

7. 张志成支付15万元的对象是章卫东，并非万明侯，章卫东收到张志成支付的款项后也并未将钱给万明侯，而是将钱给了章卫东的姐姐及其姐姐的朋友。这一事实也与章卫东笔录中的陈述完全不一致，甚至是相悖的，根据公安机关查明的这一事实，绝对无法得出此事系"万明侯主使、万明侯获利"的结论。辩护人认为，万明侯对于张志成向章卫东支付13万元或15万元之事完全不知情，其支付的原因与万明侯无关。

8. 万明侯与张志成的股权交易是符合我国法律规定的合法交易。张志成当时向万明侯支付 15 万元系真实的入股行为，张志成系履行其签订的《中介公司合作意向书》所约定的合同义务才进行的付款。公诉人对于万明侯"用裸照敲诈张志成"钱财并将公司 49% 的股权转让给张志成的指控属于定性错误。

一审判决认定："虽然张志成与章卫东签订了合作意向书，但以上款项均未进入公司账户，事后该公司也未进行工商变更登记，故合作意向书系为万明侯掩盖非法占有目的的手段。"

辩护人认为，一审判决这一认定缺乏对我国民商事法律的基本认识。众所周知，在民商事法律领域，"法无禁止即自由"，工商登记从来都不是股权 / 合伙份额转让的生效要件。如果按照一审判决的这一逻辑，法律所规定的"隐名股东"都将成为余干县人民法院认为的刑事案件受害人，我国所有的"代为持股的显名股东"都将成为余干县人民法院认为的刑事案件犯罪嫌疑人。这个结论显然是荒谬的。

9. 如果张志成早在 2010 年就被万明侯敲诈勒索过，那么其之后不但不报案，反而与万明侯发生更多经济往来的事实就全部不符合常理，不符合逻辑。

综合上述九点理由，辩护人认为，万明侯不存在拍摄裸照敲诈的犯罪事实，张志成的转账行为仅系其与万明侯之间的合伙行为，甚至在公安机关违规插手本案经济纠纷前，作为合伙双方的万明侯与张志成连民事纠纷都不存在。公诉人对于这起"犯罪事实"的指控缺乏基本证据，论证缺乏基本逻辑，在案证据不能形成完整的证据链，本案是在基本事实都未查清的情况下进行的强行起诉。

六、张志成的陈述不符合常理、不符合逻辑且多次前后矛盾

根据张志成的陈述，其与万明侯的交往大致可以画出这样一条时间线：

2010 年 8 月，张志成被万明侯偷拍裸照并被迫购买万明侯厦门中介

公司的股权；2010 年 10 月，张志成与万明侯合办服装厂；2011 年 1 月，张志成与万明侯合伙开发老武装部工程；2014 年，张志成多次借款给万明侯；2014 年六七月份，张志成与万明侯介绍的女人发生性关系，并且再次被"拍裸照"；2014 年六七月份，张志成被"拍裸照"后在金利源宾馆与万明侯、上官文强打牌输了很多钱。到本案开庭时，张志成与万明侯合伙开发的西南片区棚户区改造工程仍在进行当中。

从这条时间线我们可以看出：

1. "被害人"张志成在 2010 年 8 月"被万明侯拍裸照敲诈"之后不但不远离万明侯，居然还在不到两个月的时间内（2010 年 10 月）就和万明侯合作开办服装厂。张志成的这一行为完全不符合一个正常人的行为模式。

2. "被害人"张志成在已经和万明侯合作办服装厂之后，又在 2011 年与万明侯合伙开发老武装部工程。张志成在笔录中否认与万明侯合伙做过生意，但是之后又承认与万明侯合伙开发过此工程，此事发生在厦门"拍裸照敲诈"后不到半年的时间，其陈述前后矛盾，且严重不合常理。

3. "被害人"张志成还声称其多次借款给万明侯（张志成向公安机关提供了数张万明侯在 2014 年向其出具的借条），且万明侯有借有还。这与万明侯本人的陈述可以对应，也恰恰说明二人之间存在持续多年、长期稳定的经济合作关系，万明侯与张志成之间会互相借钱，且互相之间都是有借有还，直到本案案发，张志成还试图通过这种方式逃避债务。

4. "被害人"张志成在 2014 年六七月份再次与万明侯介绍的女人发生性关系，并且再次"被万明侯拍裸照"。张志成的这一行为完全不符合一个正常人的行为模式，在"吃过一次亏"的情况下，他不但不远离万明侯，反而再次与其一同"嫖娼"，张志成无法对此作出合理解释。

5. "被害人"张志成在第二次被"拍裸照"之后，仍然未远离万明侯，甚至在共同"嫖娼"后一周左右与万明侯一同在金利源宾馆赌博。张志成的这一行为完全不符合一个正常人的行为模式，其本人也无法对此作出合理解释。

6. "被害人"张志成与万明侯合作的西南片区棚户区改造工程，截至庭审时仍然处于合作状态。张志成声称其从未与万明侯合伙做生意，但是通过之前庭审过程中审判长对其的发问，已经可以确定，张志成在笔录中对于此事的陈述是虚假陈述。

7. "被害人"张志成在本案起诉阶段，大肆在余干县委、县政府、法院、检察院、公安局、政法委等行政、司法部门聚众上访、闹事，四处张贴、散发大字报，声称万明侯敲诈其共计715万元，试图通过这种缠访、闹访、制造社会舆论的方式影响余干县人民法院对本案的公正审理。只是公安局、检察院之前并未认可万明侯敲诈其715万元的所谓"控告"。

辩护人认为，如果张志成早在2010年就被万明侯敲诈勒索过，作为一个心智健全、具有完全民事行为能力的成年男性来说，即使他选择不报案，也至少应该远离万明侯，不再与其打交道，更不会再与万明侯合伙开服装厂、合伙开发工程、一起赌博，更不可能再次与万明侯介绍的女人发生性关系。张志成的这一系列违反常理的行为及前后诸多矛盾的陈述已经可以说明，万明侯并未敲诈过张志成，张志成的报案及其相应的陈述均不应当被采信。

七、除一审法院没有采信的三被告人的大部分讯问笔录，本案仍然存在诸多应当予以排除的其他证据

1. 根据万明侯、张彬、张志聪本人当庭的陈述，三被告人均遭受了同一批侦查人员的刑讯逼供、指供、诱供，三人的全部讯问笔录均应作为非法证据予以排除。

一审判决第26页直接认定了万明侯、张彬遭到了侦查机关的刑讯逼供，并且"在采取了刑讯逼供等非法手段收集供述后，后续由同一批侦查人员继续侦查所产生的讯问笔录，被告人万明侯的重复性供述也不能作为认定本案事实的依据"。

但是很遗憾，不知出于何种原因，一审法院仅将万明侯、张彬的庭前供述认定为非法证据，未将张志聪的全部供述认定为非法证据。辩护人认为，同一批侦查人员在对万明侯、张彬采取刑讯逼供手段后，其继续对张志聪采取的侦查活动所产生的笔录同样应当排除。并且，张志聪也当庭陈述其遭到了刑讯逼供，在同一批侦查人员对万明侯、张彬采取刑讯逼供手段后，张志聪的这一陈述显然十分可信。

2. 章卫东、万先华、余小河的全部讯问过程应当进行同步录音录像，未同步录音录像的，应当予以排除、不予采信。

一审判决已将章卫东、万先华、余小河明确为"同案犯罪嫌疑人"。而公安机关在对此三人进行侦查时，一直到公诉机关补充起诉时，无论是根据《受案登记表》，还是根据"受害人"的询问笔录，抑或是根据《提请批准逮捕书》《补充起诉意见书》，都可以清楚地看出，公安机关一直认为章卫东、万先华、余小河涉嫌敲诈勒索的金额是 45 万元，显然均属于数额特别巨大的情形，按照相关法律法规的规定，公安机关应当对章卫东、万先华余小河的每一次讯问过程进行全程同步录音录像，没进行录音录像的讯问笔录，应当全部作为非法证据予以排除。

八、一审判决据以定案的部分证据不具有合法性

1. 重审阶段的一审第二次开庭不具有合法性。本案重审阶段于 2018 年 8 月 9 日进行了第一次开庭，至此，全部庭审程序已经完结，三被告人均已完成最后陈述。但是在此次开庭后，公诉机关再次申请延期审理，在恢复审理后，一审法院通知将于 2018 年 10 月 22 日再次开庭。

《最高人民法院关于适用〈中华人民共和国刑事诉讼法〉若干问题的解释》第 288 条规定："被告人在最后陈述中提出新的事实、证据，合议庭认为可能影响正确裁判的，应当恢复法庭调查；被告人提出新的辩解理由，合议庭认为可能影响正确裁判的，应当恢复法庭辩论。"第 290 条规定：

"被告人最后陈述后，审判长应当宣布休庭，由合议庭进行评议。"

辩护人罗列的上述法条是为了说明如下几个问题：

（1）根据我国刑诉法及相关司法解释的规定，在最后陈述结束后，应当由合议庭评议，并且择期宣判。

（2）在最后陈述结束后，有且只有前述《解释》第236条明确的"新的事实、证据"这一理由才能恢复法庭调查。

但在本案中，三被告人在最后陈述中均未提出任何新事实、新证据，一审法院在2018年10月22日进行的庭审活动不符合上述规定，当日进行的法庭调查活动不具合法性，公诉机关提交的新的指控证据不具有合法性。

2. 公诉机关在2018年9月补充提交的证据不应采信，辩护人的相关质证意见一审判决未记载。具体质证意见详见当日庭审录像，笔者在此简要列明如下。

（1）章卫东、万先华在2018年8月的讯问笔录及相应录音录像。

章卫东8月31日上午笔录无录像，不应采信。

章卫东8月31日下午录像时长仅40分钟左右，其中问答部分仅有前20分钟，后20分钟无任何对话，系侦查人员在单方写笔录让章卫东签字，且均为重复性供述，不应采信。

万先华供述内容前后矛盾，其在2016年的供述中称"小高"是他自己招聘来的，在2018年8月的笔录中又改称是万明侯招聘来的，该供述真实性存疑，不应采信。

章卫东、万先华笔录时间均为1小时左右，其中均称让章卫东、万先华观看张瑜提交的视听资料（三段录像一段录音，总时长超过四个半小时），此内容显然作假。

侦查机关在这几份笔录中对于"录音、录像"的发问全都是"诱导性发问"，不具有合法性。

（2）书证（截图、现场照片、协议）。案件中的照片均是复印件，来源不明、位置不明，不具有合法性。

（3）录音录像 U 盘（张瑜提供）。三段录像及一段录音均为偷录，不具有合法性。且所有人均未露脸，公诉人未提供原始载体，无电子数据提取笔录，无鉴定，根据电子证据鉴真规则，无法确定该录像的真实性、完整性。

从内容来看，上述证据与在案其他证据无法印证（章卫东称万明候敲诈张志成六七十万元）。并且这是典型的串供、干扰证人作证行为。其中，张美芳在录像中引导章卫东说他收的钱是"过账"；万先华在录音中两次称"不知道打了多少钱"，但经过张瑜、张志成等人的串供后，万先华在笔录中把每一次的金额都说得一清二楚。

辩护人认为，这组证据足以证明张志成、张瑜、章卫东、万先华等人涉嫌伪证罪。检察机关在办案过程中发现犯罪线索的，应当移交相关办案机关立案侦查。

九、本案存在诸多无法排除的合理怀疑

《关于全面推进以审判为中心的刑事诉讼制度改革的实施意见》第 30 条规定："人民法院作出有罪判决，对于定罪事实应当综合全案证据排除合理怀疑。定罪证据不足的案件不能认定被告人有罪，应当作出证据不足、指控的犯罪不能成立的无罪判决。定罪证据确实、充分，量刑证据存疑的，应当作出有利于被告人的认定。"

辩护人在前文已经数次提到"合理怀疑"这个词，那么，究竟什么是合理怀疑？根据刑法学理论，所谓"合理怀疑"应当符合三个标准：第一，合理怀疑的构成依据是客观事实和证据，而非随意的主观猜测；第二，合理怀疑的判断标准是理智正常的、不带偏见的一般人的认识，由法官根据一般人的观念以中立的身份作出是否达到确信的判断；第三，合理怀疑的成立标准是证明有罪证据尚不确实、充分，如孤证不能定案、证据间存在不能排除影响案件事实认定的矛盾等。

而在本案中，经过余干县人民法院、上饶市中级人民法院两级法院共8次对本案周密、细致的庭审以及辩护人对本案全部案卷的仔细研读，辩护人认为，根据本案的事实及目前的在案证据，到目前为止，本案至少存在如下几个合理怀疑无法排除。

1.是否能够排除张志成欠万明侯钱的合理怀疑？

2.是否能够排除张志成与万明侯在厦门汇款事件中是正常生意往来的合理怀疑？

3.纵观全案，是否能够排除所谓的"张志成的裸照与视频"根本不存在的合理怀疑？

同时，辩护人必须要强调，排除全部合理怀疑的责任主体仍然是公诉人，而不是合议庭及辩护人。

我国是法治国家，"疑点利益归于被告""存疑时有利于被告"原则是对刑事案件被告人最有力度的保障。这些原则越来越多地在近年来的司法判决中体现出来。通过中央政法委发布《关于切实防止冤假错案的规定》、最高人民法院印发《关于建立健全防范刑事冤假错案工作机制的意见》及《关于全面推进以审判为中心的刑事诉讼制度改革的实施意见》也可以看出国家司法机关对刑事案件被告人基本权利的保障。

《刑事诉讼法》第53条规定："对一切案件的判处都要重证据，重调查研究，不轻信口供。只有被告人供述，没有其他证据的，不能认定被告人有罪和处以刑罚；没有被告人供述，证据确实、充分的，可以认定被告人有罪和处以刑罚。证据确实、充分，应当符合以下条件：（1）定罪量刑的事实都有证据证明；（2）据以定案的证据均经法定程序查证属实；（3）综合全案证据，对所认定事实已排除合理怀疑。"

《关于全面推进以审判为中心的刑事诉讼制度改革的实施意见》第3条规定："坚持疑罪从无原则，认定被告人有罪，必须达到犯罪事实清楚，证据确实、充分的证明标准。不得因舆论炒作、上访闹访等压力作出违反法律的裁判。"

在侦查机关没有查清本案基本事实，没有确实、充分的证据证明万明侯具有敲诈勒索故意，没有确实、充分的证据证明万明侯实施了敲诈勒索的行为的现状下，人民法院应当严守法律的底线，不能认定万明侯敲诈勒索罪成立。

《最高人民法院关于适用〈中华人民共和国刑事诉讼法〉若干问题的解释》第 96 条规定："审查被告人供述和辩解，应当结合控辩双方提供的所有证据以及被告人的全部供述和辩解进行。

被告人庭审中翻供，但不能合理说明翻供原因或者其辩解与全案证据矛盾，而其庭前供述与其他证据相互印证的，可以采信其庭前供述。

被告人庭前供述和辩解存在反复，但庭审中供认，且与其他证据相互印证的，可以采信其庭审供述；被告人庭前供述和辩解存在反复，庭审中不供认，且无其他证据与庭前供述印证的，不得采信其庭前供述。"

本案 3 名被告人均当庭翻供，在庭前会议及之前多次庭审中均指称侦查机关在讯问过程中采取了刑讯逼供手段，同时提供了相关证据、线索。即使法院不将这些讯问笔录作为非法证据予以排除，这些证据也因被告人的当庭翻供以及无法与其他证据相互印证（本案指控证据中没有任何关于"胁迫、强制"的客观证据）而不应被采信，不得作为定案依据。3 名被告人当庭的供述合理，且能够与其他证据（借条、视频录像）相互印证，应当被采信。

综上所述，辩护人认为上饶市余干县人民检察院对万明侯犯有敲诈勒索罪的指控事实不清、证据不足，并缺乏法律依据，根据现有的证据材料不足以认定万明侯构成敲诈勒索罪。

结束语

本案中的控辩审三方分别是长期从事刑事案件公诉、辩护、审判的法律职业者，我们其实应当能够达成一个共识，那就是"所有的铁案都各有不同，但所有的冤假错案都极其相似"。纵观近年来国内平反的众多冤案，辩护人借用一些专家学者的观点总结一下冤案的相似点。

1. 没有客观证据（如本案中的"手枪""裸照"），证明被告人有罪的证据只有口供、被害人陈述，没有其他证据，或其他证据只证明了发生过犯罪行为，但无法证明犯罪行为是由被告人实施的，如杭州"张氏叔侄强奸案"。

2. 有若干证据证明被告人有罪，有若干证据证明被告人无罪，但无罪证据无法被排除的，如云南"杜培武案"。

3. 被告人只有庭前口供供认，且庭前口供无法得到补强的（控方无法提供其他证据与口供相互印证），如内蒙古"呼格吉勒图案"。

4. 把口供排除后，剩下的证据不能形成完整的证据链的，如内蒙古"呼格吉勒图案"。

5. 综合全案证据，无法排除对被告人有利的重大合理怀疑，无法排除证据间重大矛盾的，如云南"杜培武案"。

到这个阶段了，辩护人无意再去纠缠本案证据是否确实充分的问题，只是想在最后与公诉人及法官讨论一下"当证据不完善的情况下，案件应当如何处理的问题"。也许有人会说，"虽然某案证据不完善，但是根据社会传言，这人就是个坏人，他就是罪犯无疑"。辩护人认为，这种说法本身就是对法律实施的破坏。

《刑事诉讼法》对于各方的分工规定得十分明确，强大的公权力有充分的时间和手段来证明被告人犯罪，如果证明不了，那就是无罪；如果证据不足，那就适用无罪推定。辩护人的责任，就是合法地用国家法律保护被告人，在法庭上，不应用好人或是坏人去评价一个人，万明侯也只是一个涉嫌犯罪的公民，在被定罪之前他并不是一个罪犯。本案中控辩双方争议很大，辩护人始终坚持认为对于案件的基本事实，侦查机关并未查清，所以辩护人不希望在本案中有任何人戴着有色眼镜去评判站在我们面前接受审判的 3 名被告人。

在余干县法院两次对万明侯判处有期徒刑 11 年的情况下，上饶市中院顶住压力，坚持疑罪从无的原则，全面采纳了辩护人的意见。2019年11月4日，上饶市中级人民法院作出二审判决，宣告万明侯、张彬、张志聪3人无罪。

上饶市中级人民法院认为，侦查人员对万明侯存在刑讯逼供的行为，对张彬存在刑讯逼供的合理怀疑不能排除，对张志聪存在诱供行为，故有关的非法证据依法应当予以排除。张志成与章卫东、万先华等人事先存在串证和串供，其言词证据不具有客观性和合法性，且存在矛盾之处，本院不予采信。张志成所陈述的其个人行为，完全不符合多次被敲诈的被害人的行为模式，且张志成在与本案关联的事实上向侦查机关提供伪证，其陈述的多次被万明侯等人敲诈勒索的事实不具有客观性，本院不予采信。有充足的证据证明张志成与万明侯存在长期的项目合作和长久的经济往来，二人之间存在经济纠纷的合理怀疑不能排除。综上所述，原审判决认定上诉人万明侯伙同章卫东、万先华以偷拍的不雅照片威胁张志成，先后两次敲诈勒索张志成人民币合计30万元，以及认定上诉人万明侯、张彬、张志聪以非法占有为目的，威胁张志成并强行索要了赌博款25万元的证据达不到确实、充分的证明标准，且本案多个合理怀疑不能排除，以致本案事实不清、证据不足，因此不能认定上诉人万明侯、张彬、张志聪有罪。原审判决认定上诉人万明侯、张彬、张志成构成敲诈勒索罪错误，依法应当予以纠正。上诉人万明侯、张彬、张志聪及万明侯的辩护人提出的原审判决认定的犯罪事实不清、证据不足的意见成立，本院予以采纳。出庭检察员的意见不予采纳。经法院审判委员会讨论决定，判决万明侯、张彬、张志聪无罪。本判决为终审判决。

本案历经4年，辩护律师在克服重重阻力、历经各种苦难后，终于为当事人争取到无罪判决。

① 律师手记

1396 天之后的无罪判决

江南宇

2016 年 1 月初，万明侯与其朋友张彬在联系张志成"收账"的过程中，被余干县公安局数名民警抓获，当晚对其二人分别进行刑讯后，连夜进行了审讯，从此万明侯便开始了他 1396 天的看守所生活。

万明侯被刑事拘留后，他的家属找了一位在当地做律师的亲戚办理本案，这位律师在工作过程中承受了不小的压力。于是在案件刚刚移送法院起诉时，这位律师找到了京衡律师集团上海事务所的施晓俊律师，说在江西省余干县有一起很简单的敲诈勒索案，想请外地律师办理。施晓俊律师又邀请我加入，我们一起在 2016 年的 9 月来到了余干县，会见了万明侯。

从万明侯的口中我们了解到，案件远不是当初邀请我们加入时家属说的那么简单。一见到我们，万明侯就开始喊冤，并向我们展示他因为刑讯逼供而脱落的牙齿，以及手腕上留下的无法消退的手铐痕迹。经过与万明侯的交谈以及阅卷，我们大概了解了案情。本案指控的是："以万明侯为首的 3 人'持枪'在 2015 年 1 月强迫被害人张志成签署一张落款为 2015 年 3 月的 100 万元借条，构成敲诈勒索罪，情节特别严重，建议量刑 10 年以上有期徒刑。"随着阅卷的深入，我们在从法院复制来的讯问同步录音录像中，发现了侦查人员在讯问室摄像头下直接殴打万明侯的镜头，也从第二被告张彬的辩护人的口中得知张彬保留有一件被殴打时穿着的血衣。讯问录像同时还显示，侦查人员对第三被告有明显诱供行为，笔录记载与录像内容完全相反等情况。

在此基础上，我们立即联系公诉机关，当面与副检察长沟通，建议其考虑在本案存在严重刑讯逼供并且没有其他客观证据的情况下撤回对本案的起诉。接待我们时，该副检察长态度和蔼，表示虚心接受意见，可过了没几天，消息就反馈回来了，该副检察长把万明侯的儿子叫去办公室，当面对他说："把你从上海请来的两个律师辞掉，他们都是骗子，还想威胁我们撤诉，不可能，我们院几十年来都没诉过撤。"

更可怕的事紧接着就发生了，就在这次沟通后不久，余干县人民检察院向余干县法院针对万明侯追加起诉了一起"敲诈勒索犯罪事实"，涉案情节同样特别严重，认为万明侯于 2011 年曾在厦门伙同章卫东和万先华（二人均未受到刑事追责）指使"小高"与张志成发生性关系，并拍摄裸照、性爱视频，向张志成敲诈勒索 30 万元。而这起"事实"早在前面的侦查阶段已经纳入了侦查范围，并且针对同案犯进行了报捕，当时检察院认为不符合逮捕条件未予批捕，在审查起诉时也未起诉，偏偏在这个时候"补充起诉"，报复的意味不言而喻。

自此，辩护人施晓俊、江南宇正式向余干县人民法院提出非法证据排除申请、调取证据申请和召开庭前会议申请。遗憾的是，一审法院在庭前会议后驳回了全部非法证据排除的申请，在经过两次开庭之后，法院对万明侯判处有期徒刑 11 年，对第二被告张彬、第三被告张志聪分别判处有期徒刑 3 年 6 个月和 3 年。三人庭审中始终坚称无罪，并表示坚决上诉。

2017 年 8 月 8 日，上饶市中院召开庭前会议，在庭前会议中，我们再次提出非法证据排除申请。

2017 年 12 月 17 日，上饶市中院以"事实不清、证据不足"为由裁定撤销原判，发回重审。

2018 年 11 月 26 日，余干县人民法院采信了辩护人部分非法证据排除的意见，但是变更理由，再次对万明侯判处有期徒刑 11 年，此时第三被告已经刑满释放，第二被告剩余刑期仅剩几个月，三被告人再次当庭表示上诉。

2019 年 11 月 4 日，上饶市中院判决撤销原判，宣告万明侯、张彬、张志聪三人无罪。

本案辩护人施晓俊律师、江南宇律师（笔者）于 2016 年 9 月接受委托，当事人此时已被羁押了9个月，言词证据受到严重污染，早已错过了最佳的审前辩护期间。而万明侯原辩护人系当地律师，也主动退出本案辩护工作。我们从介入案件起便能够感受到司法机关对于本案必须要定罪的态度。公安机关在侦查本案过程中，不仅采取了刑讯逼供，还使用了指供、诱供等手段，这导致本案的犯罪嫌疑人供述与被害人陈述、证人证言高度吻合，破解难度极大。

在之后的法庭审理过程中，江南宇律师分别对被害人及出庭接受质证的侦查人员发问了数十个问题，使其当庭回答前后矛盾或与已查明的事实完全不符，破解其陈述或证词的可信度。之后，在质证及辩论阶段，针对本案是否存在刑讯逼供、因刑讯逼供而直接产生的口供是否应当作为非法证据予以排除、被害人陈述是否可信、被害人及证人的笔录是否存在指供诱供、关键物证及关键参与人是否被查清、案件证据链是否完整、若排除被告人口供和被害人陈述后，本案在"零证据"的情况下是否能够定案等问题发表了数万字的质证意见和辩护意见。

幸运的是，在如此高压的情况下，在余干县人民法院两次对被告人万明侯判处11年有期徒刑的前提下，上饶市中级人民法院能够顶住压力，全面采纳辩护人的辩护意见，坚持了疑罪从无的基本原则，彰显了真正意义上的正义，彰显了江西省贯彻落实《中共中央关于全面推荐依法治国若干重大问题的决定》的有关要求，体现了人民法院积极推进以审判为中心的刑事诉讼制度改革成果。

评析

辩护律师申请非法证据排除遭"报复性补充起诉"，最终该案却得以排除非法证据，并因此获得无罪判决，这样的"反转"令人欣慰。1979年《刑事诉讼法》早已规定，"严禁刑讯逼供和以威胁、引诱、欺骗以及其他非法的方法收集证据"。但非法证据排除规则在实践中的贯彻历经了长期、艰难的发展过程，是在纠正一系列冤假错案后才得以形成一定共识。即便如此，司法机关对非法证据的理解，目前仍处于艰难的转变当中。本案中一审、二审法院对非法证据的不同认定，就深刻地反映出这种转变。

非法证据排除规则的原理在理论上争议不大，即非法证据关注的不是证据的真实性而是其合法性，非法取得的证据不因证据是真实的从而获得可采性，但司法实践目前仍处于从真实性向自愿性进步的转型时期。万明侯案就是转型时期的典型代表，从该案的情节看，被告人的供述在法律上无疑属于非法证据。一方面，被告人万明侯的牙齿脱落；另一方面，同步录音录像中直接呈现了办案人员殴打被告人的情节。遗憾的是，该案一审法院认为，万明侯和章卫东供述的情节是"先供后证"，"因此，不应认定万明侯和章卫东的供述是侦查机关根据张志成的陈述，采取诱供、逼供等方法取得的"。言下之意，不管有没有刑讯，反正合议庭认为供述内容真实（该案的所谓"后证"也仅仅是间接证据，并不能直接印证供述的真实性，此处不展开评论），供述就不是非法取得，这与近年来党中央政策以及法律、司法解释的规定其实是有一定差距的。幸而经过辩护律师的努力，二审法院认定该案不能排除刑讯逼供的合理怀疑，因此非法证据得以排除。

本案还反映出证据"印证规则"的弊端。司法机关采信言词证据时（尤其是在做定罪评价时），不顾证据的常识、逻辑和经验法则，仅机械地强调证据之间的印证关系。过去二十年来纠正的冤假错案，用惨痛教训告诉法律人，相互印证的证据并不一定是真实的，言词证据应当是合理采信而非印证采信。万明侯案的一审判决就过分强调言词证据的印证条件而非合理性。幸而二审法院直面问题，认定"被害人陈述的个人行为，不符合多次被敲诈的被害人的行为模式"，且认为被害人一方三人存在串供的情况，这样的认定无疑是进步的。

万明侯最终无罪，有赖于辩护律师的接力合作以及二审法院最终的担当。案件初期，当地律师退出辩护后家属果断向外寻求帮助，如果当地律师不顾被告人的合法权益，不向外寻求帮助，一味劝被告人认罪认罚，何来的无罪判决？后该案主办辩护律师介入后，查阅同步录音录像，获得侦查机关非法取证的证据。此外，律师对被害人一方的言词证据进行了全面的梳理和分析，打破控方证据体系。从最终的裁定中我们看到，二审法院有担当，不回避争议问题，能够客观、公正地作出裁判。

"举报红人"被举报重婚、敲诈的背后

朱孝顶　王　煜　徐　昕

回顾

1966 年出生的李志敏，是河北省滦县的一名农民，近年来频繁通过网络自媒体举报当地行政官员的各种违法违纪行为，被包括新华社在内的多家媒体多次公开报道，是一位"举报红人"。但就是这位"举报红人"，却因涉嫌重婚罪、敲诈勒索罪被关押了 4 年 3 个月。

2008 年，河北钢铁集团司家营研山铁矿在国家发改委未立项、国土资源部未批复项目用地，及未获国家相关部门任何正式审批手续的情况下，开始拆迁滦县响嘡镇 6 个村。李志敏和他母亲刘翠英所在的西法宝村就在拆迁范围之内。按照当时的拆迁方案，每处院套给 108 平方米的安置楼房和部分拆迁安置补偿款。此次拆迁涉及刘翠英的老宅 400 平方米院套，为了和弟弟更好分配，李志敏向滦县响嘡镇的相关干部提出要求，想要两套 72 平方米的安置楼房，多出来的房屋面积，按照要求自己补齐差价款。当时相关负责人并没有同意他们的要求，并且暴力殴打李志敏，因此李志敏和镇、村干部等人产生了矛盾，兄弟二人也没有在拆迁协议上签字。

2011 年，李志敏通过互联网自媒体和各大网络论坛，举报河北滦县司家营研山铁矿违规拆迁、手续不全的问题。2011 年 4 月 28 日，新华社以《滦县：未批先征地，"拉锯"已四年》为题报道了此事，报道指出了滦县响嘡镇政府在 2007 年 7 月至 2010 年 9 月的三年多时间，在未取得国土资源部正式批准的采矿权的情况下采取了征地措施。新华社的报道引起了社会高度关注，河北省、唐山市和滦县时任主要领导都对媒体报道的事件进行了过问。

2011 年 10 月，主管研山铁矿外协工作的副总经理宁连春受到上级指派处理李志敏家房屋拆迁事宜，滦县响嘡镇政府让李志敏的亲戚王贵、刘振民给李志敏做思想工作。二人找到李志敏后，以解决李志敏母亲老宅拆迁之事为条件，要求其停止转发有关研山铁矿的负面信息。起初李志敏并不同意，经他人多次说和，研山铁矿宁连春等人同意给付李志敏 90 万元，该款项从研山铁矿给响嘡镇政府的拆迁款中支出，并由王贵、刘振民分三次给付李志敏，每次 30 万元。李志敏于 2012 年 2 月 3 日在其母亲院套拆迁补偿安置协议上签了字，该院套共获补偿款 232326 元，同时获 108 平方米安置楼房一套。

正是这笔补偿款，成为李志敏和刘秀丽后来被刑事追诉的导火索。

✳ 案件

2015 年 4 月 9 日，李志敏被河北滦县公安局以"李志敏伙同刘秀丽以非法占有为目的，以威胁手段使对方（研山铁矿）陷入恐惧，索取公私财物 90 万元，并且李志敏有配偶而与刘秀丽重婚"为由，将李志敏、刘秀丽二人刑事拘留。

据媒体报道，李志敏、刘秀丽涉嫌敲诈勒索罪、重婚罪的由来是一封"打印的，没有信封的"匿名举报信。以此举报信为由头，滦县公安局有关领导安排专人秘密侦查，进行处理。

2015 年 5 月 5 日，两人被滦县检察院批准逮捕。同年 11 月 24 日，滦县检察院向滦县人民法院提起公诉。

起诉书指控： 2010 年至 2011 年间，李志敏通过互联网站大量散播滦县司家营研山铁矿违规拆迁、手续不全的信息（部分信息属实），并宣扬该信息是自己所发，引起正在建设中的研山铁矿方面的恐惧。2011 年 10 月，主管研山铁矿外协的副总宁连春受河北矿业副总田志云的指派处理此事。李志敏伙同刘秀丽提出由研山铁矿支付其 200 万元人民币才不发布此类信息的要求。2011 年 10 月至 2012 年 2 月，双方经几次接触后，李志敏和刘秀丽将索要金额从人民币 200 万元降到 90 万元，研山铁矿方面同意该款从研山铁矿放在响嘡镇政府的预付款中支出，分批次给付。2012 年 2 月 2 日，中间人刘振民、王贵暂支该款后存到王贵名下。2012 年 5 月至 7 月，经李志敏和刘秀丽索要，王贵、刘振民作为中间人请示宁连春同意后将 90 万元分三次以现金或打款到刘秀丽账户的方式支付给了李志敏、刘秀丽。

关于重婚罪，检察院指控：李志敏与妻子王某于 1989 年 4 月 25 日登记结婚，在该婚姻关系存续期间，李志敏与刘秀丽 2010 年 11 月在北京认识后长期以夫妻名义共同生活，对外宣称是夫妻关系，群众亦认为两人是夫妻关系。

检察院认为，李志敏伙同刘秀丽以非法占有为目的，以威胁手段使对方陷入恐惧，索取公私财物 90 万元，数额特别巨大，二人的行为触犯了《刑法》第 274 条的规定，构成敲诈勒索罪，其中刘秀丽起次要、辅助作用，系从犯；李志敏有配偶而与刘秀丽重婚，刘秀丽明知李志敏有配偶而与之重婚，二被告人的行为触犯《刑法》第 258 条的规定，构成重婚罪。

2016 年 5 月 16 日，滦县人民法院以敲诈勒索罪、重婚罪判处李志敏有期徒刑 11 年 9 个月，以敲诈勒索罪、重婚罪判处刘秀丽有期徒刑 5 年 9 个月。二人提出上诉。

2017 年 5 月 31 日，唐山市中级人民法院裁定发回重审。之后又指定该案由迁安市人民法院审理。2018 年 9 月 28 日，该案再次开庭审理。

朱孝顶律师作为李志敏案发回重审一审的辩护律师，王煜、徐昕作为刘秀丽案发回重审一审的辩护律师，几位律师坚持为李志敏、刘秀丽作无罪辩护。

根据本案现有证据，辩护人认为本案程序严重违法，滦县公安局依据没有举报人的举报信，时任公安局长刘某良的违法批示"秘密侦查"；滦县检察院、滦县法院、唐山中院、迁安法院均未能恪守刑事诉讼法的相关规定，超期羁押、违法羁押、擅自延长羁押期限；实际上被告人李志敏因举报贪腐造成多名相关官员被查，滦县有关官员对其恨之入骨；拆迁补偿款 90 万元系谈判而来，全国各地的征地拆迁大多得经谈判达成，李志敏参与三方谈判是合法维权。李志敏、刘秀丽既不构成敲诈勒索罪也不构成重婚罪，具体理由如下。

一、指控敲诈勒索罪案件来源不合法，滦县公安局局长刘某良批示秘密侦查涉嫌滥用职权

本案来源来自一封匿名的举报信，该举报信全文均系打印件，既没有任何人的署名，也没有举报的具体时间。尤为蹊跷的是，该举报信究竟在何时、以何种方式向滦县公安局递交的？究竟由滦县公安局的何人、于何时、何地签收的该举报信？对此，没有任何证据予以证实。2018 年 9 月 28 日出庭作证的两位侦查人员均无法说明该举报信的来源，也无法说明该举报信究竟是何人所写。

但是该举报信右上角有刘某良的手写的批示，显示时间为 3 月 16 日，却没有说明究竟是哪一年的 3 月 16 日，该批示内容为："请刘某杰局长安排专人秘密侦查。情况属实，依法打击处理。"经查询，滦县公安局的官方网站及滦县政府、人大的人事任免通知，可以确定滦县前任公安局长郑某江经 2015 年 2 月份《中纪委通报典型案件 唐山滦县 6 派出所所长受处分》的通知而被免去公安局局长职务；2015 年 2 月，刘某良被滦县第十四届人大党委会第九次会议任命为滦县公安局局长，直到 2018 年 8 月 30 日被滦县人大常委会免去滦县公安局局长职务。刘某杰在 2015 年系滦

县公安局局长助理。本案《受案登记表》记载，2015 年 3 月 16 日 16 时 47 分河北省刑事侦查大队接到匿名报警：响嘡镇李志敏敲诈研山铁矿 200 多万元。受案审批意见为：同意受理为刑事案侦探进行侦查。本案的《立案决定书》记载，滦县公安局 2015 年 4 月 8 日决定对李志敏敲诈勒索案立案侦查。

据此，滦县公安局在 2015 年 4 月 8 日立案侦查之前并非《刑事诉讼法》意义上的侦查机关，无权采取侦查的强制措施。刘某良在 3 月 16 日作出的批示"请刘某杰局长安排专人秘密侦查，情况属实，依法打击处理。"严重违法，涉嫌滥用职权犯罪，具体理由如下。

1.刑事立案之前，公安机关无权"秘密侦查"，公安局长应当恪守法律。

在立案之前，侦查机关的工作职责只能是对犯罪线索初查、审查，完全没有刑事侦查的权力；作为公安局局长应当知法、懂法，应当知道"侦查"与"初查""审查"的区别，应当知道"侦查"与"秘密侦查""技术侦查"之间的区别。

2."没有举报人的举报信"不应成为刑事案件来源的依据。

通过侦查人员的证言，可以确定：包括案件的两个承办人在内的侦查机关均不知道举报人是谁，不知道举报信何时递交到滦县公安机关并由刘某良作出"秘密侦查"的批示。根据《刑事诉讼法》和《公安机关办理刑事案件程序规定》第七章立案、撤案的规定，公安机关案件来源为两类：一为接受的案件，二为工作中发现的案件。公安机关接受的案件又分为：公民扭送、报案、控告、举报或者犯罪嫌疑人自动投案，对于公安机关来说都应当接受并制作笔录，经核对无误后，由扭送人、报案人、控告人、举报人、自动投案人签名、捺指印；公安机关对扭送人、报案人、控告人、举报人、自动投案人提供的有关证据材料等应当登记，制作接受证据材料清单，并由扭送人、报案人、控告人、举报人、自动投案人签名；接受控告、举报的工作人员，应当向控告人、举报人说明诬告应负的法律责任；公安机关应当保障扭送人、报案人、控告人、举报人及其近亲属的安全，扭送人、报案人、控告人、举报人如果不愿意公开自己的身份，应当为其保守秘密，并在材料中注明。

但是本案的案件来源为没有举报人的举报信，不属于《刑事诉讼法》和《公安机关办理刑事案件程序规定》的案件来源。对于没有举报人的举报信，公安机关无法核实举报信的内容是否属于诬告陷害，也无法履行告知举报人"诬告陷害"应当承担法律责任的义务。当然不应作为刑事立案的依据。

3. 刘某良局长称"局长助理刘某杰"为"刘某杰局长"违反了基本的政治伦理。

刘某良局长当然明知其助理的职务，在公开的批示文件中却将局长助理称为"局长"非常罕见，违反了基本的政治伦理，败坏了公安机关内部的工作风气。作为公安局长，如此作为，确实令人震惊。

4. 刘某良局长在没有举报人的举报信上批示"情况属实"确属滥用职权。

根据一封没有举报人的举报信，刘某良局长何以作出"情况属实"的批示？刘某良局长又作了哪些调查、了解？刘某良局长又依据哪些事实作出"情况属实"的批示？

5. 李志敏长期实名举报、实名控告贪腐行为，滦县公安机关却未立案侦查。

没有对比，恐怕就更看不清真相。对一封没有举报人的举报信，刘某良局长亲自批示"请刘郑某局长安排专人秘密侦查"；而李志敏长期坚持实名控告、实名举报，并附上大量的证据材料，滦县公安局却始终麻木不仁、无动于衷，既没有安排初查、审查，更没有刑事立案侦查。综观本案证据，研山铁矿在未取得国务院或省政府的征地批准文件的情况下擅自开矿，至少已经触犯了《刑法》上的四五个罪名，滦县公安局为什么不去立案侦查？

综上，公安机关应在立案之前知道举报人姓名，并且履行告知举报人"诬告"的法律责任。当然，举报人有权利要求公安机关对其身份作保密处理，但应在材料中注明。滦县公安局时任局长刘某良在没有举报人的举报信上作出"秘密侦查""情况属实"的批示，确属滥用职权。

二、指控李志敏、刘秀丽重婚罪竟然没有刑事立案手续，属于重大程序违法，检察院应当立即撤诉

检察院指控重婚犯罪，案卷中没有滦县公安局的立案手续；指控敲诈勒索罪，只有对李志敏的立案手续，而没有对刘秀丽的立案手续。案件经过侦查、审查起诉、一审、二审、发回重审指定管辖，甚至直到再次开庭审理时发现没有立案，这是什么概念？这相当于法院在审理"不存在"的案件。立案是管辖和刑事侦查的前提，没有侦查就没有公诉，更没有审判。因此，法院审理本案可以说是毫无根据。

立案是实施侦查行为的合法依据，没有立案，侦查机关收集的一切证据均属非法证据，应予排除，不能作为指控犯罪的证据。没有立案，此后的侦查、审查起诉、提起公诉、审判都失去了合法性，所有的程序都是违法的，所有的证据都是非法证据，对刘秀丽没有任何拘束力。

如果公诉人没有注意到，可以解释为疏忽，也可视为渎职。因为《人民检察院刑事诉讼规则》第363条第（6）项明确规定审查移送起诉的案件，应当查明"侦查的各种法律手续和诉讼文书是否完备"，检察院没有审查，导致本案违法起诉到法院。

公诉人认为，侦查机关可以对人立案、对事立案，本案《立案决定书》包含了对刘秀丽敲诈勒索，李志敏、刘秀丽重婚罪的立案，立案合法。公诉人的这种说法不能成立，立案必须人、事清楚，才能在程序上限制侦查权、保障程序正义。

本案《立案决定书》记载得非常明确，就是对"李志敏敲诈勒索案"立案侦查。如果《立案决定书》写成对"李志敏等敲诈勒索案"立案，还可以勉强解释为包含了对刘秀丽敲诈勒索立案；如果写成对"李志敏敲诈

勒索等案"立案，也可以勉强解释为包含了对李志敏重婚立案；如果写成对"李志敏等敲诈勒索等案"立案，也可以勉强解释为对李志敏、刘秀丽敲诈勒索、重婚立案。但本案立案决定书，没有一个"等"字，如何包含其他犯罪，如何包含其他嫌疑人？倘若这份立案决定书可以扩展侦查，相当于不服拆迁补偿的 61 户一百多人都可以被侦查，相当于任何人都可能被侦查。这可能吗？

所以，本案只是对李志敏一人涉嫌敲诈勒索罪进行了立案，而没有对其他人、其他罪名的立案手续。检察官有客观公正的义务，有法律监督的职能，不能为滦县公案的违法行为买单。本案出现如此重大的程序违法，检察院唯一正确的做法，就是当庭撤诉。

同时，法院对这起无侦查立案手续的案件也有责任。最高人民法院《关于适用〈中华人民共和国刑事诉讼法〉若干问题的解释》第 180 条第（8）项明确规定，对提起公诉的案件，人民法院应当在收到起诉书和案卷、证据后，指定审判人员审查"侦查、审查起诉程序的各种法律手续和诉讼文书是否齐全"，本起指控没有退回检察院，法院也有责任，唯有通过立即取保候审、无罪判决方可弥补。

辩护人还特别提醒，公诉人不要让侦查机关补充情况说明，否则将构成严重违法。一是明知如此重大的程序违法，拒不纠正，还打算继续让公安机关补正，违反检察官的客观公正义务。二是明知有错而追诉，明知不该起诉还起诉，涉嫌徇私枉法，徇私枉法情节严重的，可能构成犯罪。三是有违反《宪法》可能，原滦县检察院办理此案时，只顾配合，而不顾制约，导致错误起诉，违反了《宪法》和《刑事诉讼法》所确立的公检法相互制约原则；后迁安检察院再次起诉，客观上也没有实现《宪法》和《刑事诉讼法》所确立的公检法相互制约原则。《宪法》第 135 条明确规定："人民法院、人民检察院和公安机关办理刑事案件，应当分工负责，互相配合，互相制约，以保证准确有效地执行法律。"《刑事诉讼法》第 7 条对此也有明确规定。

三、被告人李志敏已被羁押超过 3 年半，羁押期限审批手续存在严重违法嫌疑

1. 滦县人民检察院未在起诉书中列明退回补充侦查情况，超出审查起诉期限。

李志敏自 2015 年 4 月 9 日被以敲诈勒索罪名刑事拘留以来，滦县公安局于 2015 年 5 月 22 日向滦县人民检察院移送审查起诉，滦县人民检察院于 2015 年 11 月 23 日作出《起诉书》，但是滦县人民检察院作出的《起诉书》并未列明该检察院审查起诉起诉期间退回补充侦查的时间、次数、公安机关再次移送审查起诉的时间等事项。滦县人民检察院仅在《起诉书》中称："本案由滦县公安局侦查终结，以被告人李志敏、刘秀丽均涉嫌敲诈勒索罪、重婚罪于 2015 年 5 月 22 日向本院移送审查起诉。本院受理后，已告知被告人有权委托辩护人、已告知被害人有权委托诉讼代理人，依法讯问了被告人，听取了辩护人、被害人的意见，审查了全部案卷材料。"

《刑事诉讼法》第 169 条规定，"人民检察院对于公安机关移送起诉的案件，应当在一个月以内作出决定，重大、复杂的案件。可以延长半个月。"

但是滦县人民检察院超出审查起诉的法定期限，审查起诉期限长达 6 个月，且未在《起诉书》中列明延长审查起诉期限、退回补充侦查等情况。

2. 滦县人民法院 2016 年 5 月 16 日作出的判决超出一审期限且未告知批准延期情况。

滦县人民法院作出的判决称："滦县人民检察院指控李志敏、刘秀丽犯敲诈勒索罪、重婚罪。于 2015 年 11 月 24 日向本院提起公诉。本院审查后，认为符合法定开庭条件，决定开庭审判，依法组成合议庭，于 2016 年 4 月 19 日、2016 年 4 月 20 日公开开庭审理了本案。滦县人民检察院指派检察员出庭支持公诉，被告人李志敏及其辩护人刘博今、杨洪宝，被告人刘秀丽及其辩护人王煜到庭参加诉讼。现已审理终结。"

《刑事诉讼法》第 202 条明确规定，"人民法院审理公诉案件，应当

在受理后两个月以内宣判，至迟不得超过 3 个月。对于可能判处死刑的案件或者附带民事诉讼的案件，以及有本法第 156 条规定情形之一的，经上一级人民法院批准，可以延长 3 个月；因特殊情况还需要延长的，报请最高人民法院批准"。

但是滦县人民法院超越一审法定期限，且未列明经过上一级人民法院批准延期的情况。

3. 唐山市中级人民法院 2017 年 5 月 31 日作出的终审判决超出法定审理期限，且未告知经批准延期情况。

李志敏、刘秀丽不服滦县人民法院的一审判决，分别提起上诉。唐山市中级人民法院直到 2017 年 5 月 31 日才作出终审判决，严重超出法定审理期限，且未列明延期经审批的情况。

《刑事诉讼法》第 232 条明确规定，"第二审人民法院受理上诉、抗诉案件，应当在两个月以内审结。对于可能判处死刑的案件或者附带民事诉讼的案件，以及有本法第 156 条规定情形之一的，经省、自治区、直辖市高级人民法院批准或者决定，可以延长 2 个月；因特殊情况还需要延长的，报请最高人民法院批准。"

但本案中，唐山市中级人民法院严重超出二审应当两个月以内审结的规定，在长达一年的时间之后才作出二审裁定，且未列明经过河北省高级人民法院和最高人民法院批准延长审理期限的情况。

4. 在迁安市人民法院重新审理期间，唐山市中级法院超越法定审批权限四次批准延长审限。

《刑事诉讼法》第 202 条明确规定，"人民法院审理公诉案件，应当在受理后两个月以内宣判，至迟不得超过 3 个月。对于可能判处死刑的案件或者附带民事诉讼的案件，以及有本法第 156 条规定情形之一的，经上一级人民法院批准，可以延长 3 个月；因特殊情况还需要延长的，报请最高人民法院批准"。

案件改变管辖后，迁安市人民法院于 2017 年 12 月 1 日作出《变更羁押期限通知书》称，经唐山市中级人民法院批准，延长羁押期限，现羁押期限自 2017 年 9 月 4 日至 2018 年 3 月 4 日。

迁安市人民法院 2018 年 3 月 26 日作出的《变更羁押期限通知书》称，经唐山市中级人民法院批准，现羁押期限自 2018 年 3 月 23 日至 2018 年 6 月 23 日。

迁安市人民法院 2018 年 6 月 25 日作出的《变更羁押期限通知书》称，经唐山市中级人民法院批准，现羁押期限自 2018 年 6 月 23 日至 2018 年 9 月 23 日。

本案重新审理一审期间第二次开庭时间为 2018 年 9 月 28 日，李志敏的羁押期限已经经过，迁安市法院据称已第四次报请唐山市中级法院批准延长审理期限。

迁安市人民法院、唐山市中级人民法院为了一个敲诈勒索案公然践踏《刑事诉讼法》审理期限延长审批制度，第二次需要延长审理期限应当报请最高人民法院审批的强制性规定，唐山市中级人民法院公然四次擅自批准延长一审审理期限，确实令人震惊。

5. 虽经多次违法延长审限，李志敏仍在 2018 年 3 月 4 日至 3 月 23 日处于没有任何羁押手续的非法拘禁阶段。

2018 年 3 月 4 日至 3 月 23 日，李志敏处于没有任何羁押手续的非法拘禁阶段。对此，滦县看守所与迁安市人民法院均具有不可推卸的责任，均应承担相应的法律责任。

四、本案存在大量明显非法的证据，应予排除

1. 立案之前取得的证据应予排除。

本案于 2015 年 4 月 8 日正式立案，但有大量证据形成于本案立案之前。如 2015 年 3 月 26 日宁连春的证言、2015 年 3 月 27 日张荣斌的证言、2015 年 3 月 30 日田志云的证言、2015 年 3 月 29 日葛洪的证言、2015 年

3 月 30 日研山铁矿出具的证明。这些证据取证时间不合法，应予排除。

公诉人认为，立案之前的证据可以作为指控证据，辩护人不能认同。对于公权力，法无授权不可为。

而且大量法律明文规定了侦查必须依法定程序，而且没有任何法律法规授权公安机关在刑事立案之前有权力侦查。本案立案之前形成的证据，应当作为非法证据予以排除。

2. 相同的办案人在讯问地点相距 67 公里的两起讯问仅间隔 15 分钟，该两份讯问笔录明显属于非法证据。

提讯证上显示，2015 年 4 月 9 日 16 时 41 分至 17 时 30 分，两位侦查人员去唐山一看提审刘秀丽，当天 17 时 45 分至 18 时 40 分，这两位侦查人员又到滦县看守所提审李志敏。据网络地图显示，两地相距 67 公里，短短 15 分钟内是很难到达的，如果驾驶汽车，时速将要达到 268 公里。其中一位侦查人员回答，有时提审工作需要提前签字。另一位侦查人员则回答，可能是记录时间的仪器出现了问题。二人的解释显然不符合常识，而且刘秀丽称当天这两位侦查人员根本就没有去提审她。

3. 证人王贵与王文明的询问笔录在同一时间由同一讯问人制作，应排除。

针对 2015 年 4 月 9 日 11 时 55 分至 12 时 57 分，在滦县公安局执法办案中心，对证人王文明的询问笔录，询问人为王某和苗某；2015 年 4 月 9 日 12 时 05 分至 12 时 35 分，在滦县公安局执法办案中心，对证人王贵的讯问笔录，询问人为前述王某和赵某。该两份询问笔录的同一询问人王某在同一时间对不同的证人进行询问，明显违法。侦查人员王某、赵某出庭作证，解释为王贵的笔录系赵某和别人所做，王某是在侦查终结前补的签名。赵某当庭作证时称，"有我签名的笔录有的是当场签的，有的回去签的，这个案子记不清了。"据此，可知《询问笔录》或《讯问笔录》记载的侦查人员并不一定是实际参与办案的侦查人员。

4. 刑事立案之前对证人宁连春的《询问笔录》，在 40 分钟时间内的近 4000 字笔录，明显违法应予排除。

该份询问笔录的起止时间为 2015 年 3 月 26 日 15 时 28 分至同日 16 时 15 分，询问地点在迁西县看守所，询问人为王某、赵某。被询问人宁连春涉嫌刑事犯罪被羁押在迁西县看守所，但侦查人员王某、赵某当庭作证时又拒绝告知宁连春究竟因为涉嫌何罪被羁押，涉嫌罪名与本案有没有关联，宁连春案件的侦查机关是谁等基本信息；侦查人员王某、赵某又称对宁连春的询问过程有全程录音录像已随案移送，但本案案卷中却没有该录音录像；被告人李志敏坚称 40 分钟近 4000 字的询问笔录超出了速记人员的技能范围，该笔录肯定不真实。

如此种种，滦县公安局在侦办这个案件中的恣意妄为，从公安局长刘某良在没有举报人的举报信上批示"请刘某杰局长安排专人秘密侦查"，到侦查人员在法庭上咆哮"滦县检察院公诉人凭什么排除我们做的笔录"，再到漏洞百出、伪造签名、复制拷贝询问笔录，本案该彻底终结了，不要让这些明显违法的证据再进入二审、重审的法庭了。

五、敲诈勒索案没有受害人，研山铁矿不具备受害人资格

起诉书认为研山铁矿是受害人，原一审时研山铁矿到庭，但法庭没有安排位置，原一审判决、二审裁定更是没有将研山铁矿作为受害人。法院不给予研山铁矿在刑事诉讼格局中安排适当的位置，或者说无法安排，是有道理的，因为安排不了。法院以实际行为表明研山铁矿不是敲诈勒索罪的受害人，本案根本就没有受害人。

本案中所谓敲诈勒索，其实没有受害人，反而参与谈判的各方均有受益。解决了拆迁难题，工期不被拖延，研山铁矿获益；镇政府不用担心房屋倒塌引发事故，镇领导借此要求李志敏不再举报贪腐，也有好处；王贵、刘振民作为村干部，解决了当地拆迁的难题，在领导面前有面子。

如果认定李志敏敲诈研山铁矿，那么谈判时研山铁矿为何不报案？支

付第一笔 30 万元时，为何不报案？支付第二笔 30 万元时，为何不报案？到 2012 年 7 月 5 日支付完 90 万元补偿款之前为何不报案？2012 年底企业结算时为何不报案？2013 年底企业结算时为何不报案？2014 年底企业结算时为何不报案？而要等到谈判达成 3 年多后的 2015 年 3 月 30 日才报案？

实际上，是因李志敏不遵守承诺书，继续举报政府官员，滦县政府和公安才以 3 年多前的拆迁谈判补偿对李志敏进行打击报复，凭空捏造出一份所谓的匿名举报，并安排研山铁矿报案。研山铁矿因此才出具"证明"，称被敲诈。该"证明"不是书证，不是证言，不是法定证据种类；该"证明"是单位提供的，却没有提供人签字。研山铁矿不填写报案表，不提交报案申请及材料，而是以证人的身份出具"证明"，充分说明这是侦查机关要求研山铁矿提交的。只从文本和语义分析，就足以说明这份"证明"是当地打击报复李志敏而安排研山铁矿报案的一个环节。

举报、控告是《宪法》和法律规定的公民的基本权利和义务，李志敏举报有功，多人因其举报而被调查，本应受到表彰，但滦县政府和公检法却打压举报贪腐的功臣，甚至拿 3 年多前就了结的拆迁补偿谈判来打压，是对党和政府鼓励举报贪腐政策的对抗。任何犯罪都必须是具有社会危害性的行为。但本案没有任何被害人，被告人的行为也不具有任何社会危害性，反而是对社会有益的行为。

六、研山铁矿、镇政府不是自然人，不可能产生恐惧心理

敲诈勒索罪指以非法占有为目的，对被害人使用威胁或要挟、恫吓的方法，强行索要公私财物的行为。所谓威胁、要挟、恫吓，是指对公私财物的所有者、管理者以恶言相告，给予精神上的强制，使被害人足以产生恐惧感或压迫感，并使得被害人基于这种恐惧感不得不交付财物。本案中研山铁矿、响嘡镇政府不可能产生恐惧心理，不可能成为敲诈勒索罪的犯罪对象。

1. 举报、控告是公民的权利和义务。

举报、控告是公民的基本权利和义务，发帖、曝光是行使公民基本权利的手段。正常的监督批评能促进政府和企业改进工作，举报不实可依法追究举报人诽谤等法律责任。只要举报真实，甚至基本真实，就是《宪法》鼓励的行为。

大量证据证实，研山铁矿征地手续不全，国家发改委尚未立项，国土资源部尚未批准，李志敏的举报属实。而且，李志敏对官员的举报也导致多位官员落马。原二审出庭检察员肯定了李志敏行为和手段的合法性。如果这种合法的举报行为对政府官员和研山铁矿的领导产生压力，这种压力也绝不属于敲诈勒索罪所涉的恐惧心理，而只是被举报人畏惧合法、正确的公民监督，是被举报人自身违法行为所带来的心虚和恐惧心理，哪怕被举报人"怕死了"，也与李志敏无关，而只能认定是因他人举报而畏罪自杀，怎能认为行使《宪法》权利的李志敏构成敲诈勒索犯罪呢？

2. 研山铁矿、政府不可能产生恐惧心理，更不会基于恐惧心理交付财物。

敲诈勒索罪中的威胁或要挟是指："对公私财物的所有者、保管者给予精神上的强制，造成其心理上一定程度的恐惧，以致不敢反抗的方法。如果威胁要挟行为并没有使对方产生恐惧，对方也不是基于恐惧而交付财产，则不可能构成敲诈勒索罪，两者之间没有直接的因果关系。"

研山铁矿、政府不是自然人，而是法人，其人格系拟制，不可能基于心理强制而产生恐惧心理。原二审出庭检察员称："单位是由一个个的人组成的，能产生统一的意志，因此单位也会产生恐惧。"

恐惧感是自然人独有的心理意志，而非"单位"所能具有的。

退一万步而言，即便检察官认为存在敲诈勒索"单位"的犯罪，其认定犯罪的路径也必须是论证单位的具体主管、领导个人产生心理恐惧。但控方没有任何证据证明研山铁矿的哪位领导因李志敏的举报而产生恐惧心理、最终不得不交出财物，本案中也不存在某一领导或官员向李志敏给付钱款的事实。

实名举报、网上发帖的行为不会让研山铁矿产生恐惧心理。当时，研山公司已开工投产，只要举报的是真实信息，就能带来积极影响，帮助企业合法生产，及时处理违法行为，避免因违法行为而招致更严重的法律后果，最终促进企业和社会的良性运转。即便研山铁矿个别领导思想觉悟低下而不能理解公民的合法监督，也只是其个人思想水平问题，顶多属于因不能正确认识公民监督而产生的维护公司利益的工作压力感而已，与敲诈勒索罪所必需的因胁迫产生的恐惧感无关。

因此，怎么能说研山铁矿产生恐惧心理呢？更谈不上因恐惧而不得不支付财物了。事实上，研山铁矿没有任何领导个人因恐惧而向被告人支付财物，而是通过存放于镇政府的拆迁预付款分阶段支付给李志敏事先谈判确定的补偿款。

依据法律，政府绝无成为敲诈勒索罪犯罪对象的可能。对官员贪腐的举报是公民行使《宪法》所规定的检举控告权的体现，即使李志敏的实名举报客观上给个别官员带来了压力，这种压力也绝不属于敲诈勒索罪所涉的恐惧心理。若真有个别官员因李志敏的实名举报产生了心理恐惧，则更能证明举报的合法性和真实性，最终葛洪、宋炎亮等人被调查处理就是李志敏举报合法、有功的证明。至于镇政府和研山铁矿相互配合、积极解决被告人合法的拆迁款问题，只是政府工作压力所致，绝非政府的心理恐惧所致。因为支付款项的是政府而不是官员个人，支付的款项系拆迁款而非官员个人给的封口费。这种工作压力或称服务意识完全不同于因被威胁、要挟、恫吓产生的压迫感和恐惧感。

研山铁矿、镇政府极为强大，李志敏在其面前弱小得不值一提，怎能令其产生"恐惧心理"？敲诈勒索罪所要求的恐惧心理还必须达到相当的程度，足以使受害人不得不支付财物。纵观多次谈判、王贵保管、半年期间分批付款、3年多平安无事而未报案的诸多事实，怎能证明研山铁矿不得不支付财物？而且，李志敏的实名举报一直持续，从未因分数月、分三次支付 90 万元拆迁款而中途停止，在这期间，研山铁矿和镇政府为什么还让王贵给钱呢？

事实上，举报、控告才真正面临着极大的风险，真正有恐惧心理的是举报人，是李志敏。因为举报政府官员和研山铁矿存在风险，李志敏不太介意金钱，故只拿了不足以弥补实际损失的 90 万元拆迁款，他原本认为数额太低"扭头就走"，李志敏基于风险而不得已损失一部分应得的拆迁款，从这个意义上讲，他才是真正的受害人。

七、李志敏从未主动索要款物，政府主动给予的拆迁补偿款不应认定成敲诈勒索

1. 李志敏是被动接受谈判，其从未主动索要款物，何来敲诈勒索？

李志敏是被动接受谈判，而非主动要求谈判。李志敏住在北京，很少回滦县，是王贵、刘振民主动联络其要求谈判，他才回去协商的。研山铁矿也主动通过刘振民、王贵找李志敏谈判，难道是镇政府和研山铁矿主动要求被敲诈勒索？天底下有想方设法、积极主动联系敲诈人、请求对自己实施敲诈勒索行为的人吗？被告人被动地进入谈判，其行为的被动性不符合敲诈勒索主动性的行为特征，也显然不具备预谋的犯罪故意。

2. 三方参与，多次谈判，反复协商，最终和解，是典型的民事法律行为。

放眼全国，许多征地拆迁补偿是经谈判达成的，谈判是常规手段。本案参与谈判有三方：代表官方的王贵（大司营村村书记）、刘振民（东法宝村村书记）、王文明（响嘡镇中心卫生院院长）；研山铁矿的宁连春、张荣斌；李志敏。

王贵、刘振民实质上代表官方，代表响嘡镇政府，因为：第一，拆迁是政府行为，而非企业行为；第二，由于研山铁矿施工，李志敏母亲的被拆迁房屋旁有几十米的大坑，房屋随时可能倒塌，镇政府怕出现事故，因此主动找李志敏谈判；第三，王贵、刘振民均是村支部书记，其身份就代

表了政府；第四，谈判有一项重要任务，让李志敏不要举报李国明、葛洪等人；第五，谈判达成后，各方一起吃饭，其中特别邀请了葛洪；第六，谈判完成，90万元补偿款从镇政府拆迁预付款账户中转出，转入王贵账户；第七，谈判完成，刘振民、王贵拿着李志敏的承诺书向镇政府邀功。

三方参与，多次谈判，政府出面，反复协商，王贵、刘振民努力调解，刘秀丽偶尔也劝李志敏算了，最终达成协议。这是典型的民事法律行为，不可能构成敲诈勒索罪。在强大的政府、研山铁矿参与的谈判中，李志敏何来敲诈勒索之可能？90万元补偿款系三方经多次谈判达成的结果，研山铁矿3年后单方举报敲诈勒索，推翻谈判结果，违背诚实信用原则。

3. 谈判公开进行，不可能是敲诈勒索。

三方的谈判地点有：响嘡卫生院王文明办公室、王贵绿化公司办公室、宁连春办公室。谈判时，随时有人进出，进出者都会知道谈判所为何事、如何谈判。在宁连春办公室时，还有人找他签文件、办事。王文明笔录证实，在其办公室谈判那次，他有好多病人，还时不时去给病人看病。谈判结束后，大家经常一起吃饭，饭席间仍会涉及谈判内容，毫不避讳服务员端茶倒水、进进出出，有一次还有非谈判人员的派出所所长参与吃饭。这些事实足以证明谈判是完全公开、公然进行的，毫不避讳。本案中公开、公然、毫不避讳的谈判，不符合主动、预谋犯罪的通常心理，远不能定性为敲诈勒索。参与各方都知道这是合法、合理的拆迁谈判，不存在任何忌惮。李志敏也正是相信研山铁矿和镇政府把他从北京叫回来谈判是抱着极大的诚意，是要解决拆迁问题的。他相信正确主张自己被拆迁房屋、土地的权利合理合法，是受法律保护的。这恰恰体现了公民对政府和法律的信任。

刘秀丽与李志敏当庭多次提到，滦县公安局在没有搜查证且两人均不在各自家中的情况下，违法搜查住宅，扣押了刘秀丽、李志敏的笔记本电脑、平板电脑等物品。两人电脑内存有谈判的视频、录音等证据，辩护人申请调取被扣押电脑中的视频、录音等电子证据，以证明谈判现场的真实情况。

八、谈判必然围绕拆迁补偿进行

辩方提交的录音证据、王贵原二审的出庭证言、承诺书等都能证实，谈判涉及拆迁。三方参与的多次谈判，从谈判的提议者、人员组成、进行方式、谈判内容来看，都是围绕拆迁补偿而开展的正常谈判。如何能将多方参与、多次会谈、历时久远、公开、公然的正常谈判诬指成一场李志敏实施的敲诈勒索会议呢？

从常识、常理判断，谈判必然涉及拆迁。第一，李志敏母亲刘翠英的房子没有拆迁，影响研山铁矿的建设，并且据李志敏陈述，房子旁边有大坑，具有重大安全隐患，谈判不涉及拆迁，不可能。第二，文章是记者所写、杂志社刊发，如果研山铁矿产生了压力，正确的做法是找网络管理部门删帖，找李志敏没有任何用。李志敏在个人 QQ 空间发了两个帖子，根本没有几个人能看到。李志敏发帖的影响力远达不到要用 200 万元、90 万元来封口的地步。第三，只有房屋拆迁，才会有 90 万元的价值，才有谈判的必要。且谈判成功的第二天，李志敏就配合拆迁。

谈判过程也确实涉及检举控告问题，李志敏对此从不忌讳，他既实名举报研山铁矿手续不全，也实名举报多位政府官员并导致他们被调查处理。检举揭发系李志敏行使《宪法》所规定的公民基本权利，这毫不影响谈判是以房屋拆迁补偿为核心。仅说一点，90 万元款项若不是基于房屋拆迁的理由，绝对不可能从镇政府拆迁预付款中支出。而且，房屋拆迁补偿的谈判必然会涉及李志敏举报的问题，谈判达成后让李志敏承诺不再举报，也是正常的谈判结果。

而且，收取拆迁款及收取多少拆迁款完全是被拆迁方的合法权利。拆迁方支付拆迁款及支付多少拆迁款均系履行义务的范畴，不论拆迁方基于什么原因多给、多给多少拆迁款都没有超出双方的权利、义务范畴。拆迁方心系困难群众想给被拆迁方再高的补偿也是意思自治的体现，不能因为研山铁矿想要李志敏放弃检举控告权而可能"多付"一点拆迁款，就视为超出民法范畴，而属刑法规制的敲诈勒索。既然给付拆迁款以及无论给付多少拆迁款的行为都在双方权利义务范畴内，那就不存在法益侵害的问题，连法益侵害的事实都没有发生，怎能说被告人犯了敲诈勒索罪呢？

本案最大的错误就在于把民事主体正常争取合法利益的行为认定成敲诈勒索。拆迁方与被拆迁方谈判达成协议，谈判完全是意思自治的过程，不存在谁强迫谁、谁敲诈谁的问题，即便是被拆迁方要价很高，也是正常主张自己合法权利，绝不应认为是敲诈勒索。

九、90 万元拆迁补偿款并不高

1.补偿明显不合理，90 万元拆迁款并不高。

刘翠英房屋的拆迁补偿安置协议与李志敏房屋拆迁补偿安置协议对比，刘翠英房屋的补偿明显不合理。李志敏房屋的主房建筑面积为 70.61 平方米，土地使用权面积为 275.89 平方米，补偿 27 万余元。刘翠英房屋的主房建筑面积为 63.76 平方米，土地使用权面积为 406.69 平方米，补偿 23 万余元。刘翠英的房屋土地使用权面积比李志敏房屋土地使用权面积多 130 余平方米，补偿款不但没有多，反而少了 4.5 万余元。刘翠英房屋的拆迁补偿安置协议，是 2012 年 2 月 3 日签的，但依据的却是 2007 年 10 月 21 日的评估，也没有考虑涉案房屋 5 年的价值变化。

李志敏维权，最后经谈判争取，研山铁矿通过预存于镇政府的拆迁预付专项款支付了 90 万元，总计 113 万余元。这点钱对于如此大面积的房屋和土地而言，是否是足额补偿？

2.未列明全部附着物、土地使用权未予补偿、放弃宅基地补偿明显违法。

刘翠英的住房，除了房屋，还有院子、树木等附着物，还有土地使用权。而拆迁协议并未列明全部的附着物，未对土地使用权进行补偿，对宅基地进行征收而强制被拆迁人放弃补偿明显违法。故辩护人申请法院委托鉴定机构，对刘翠英的房屋进行重新评估，通过司法鉴定确定被拆迁房屋和被征用土地的价值。

3. 签订拆迁协议后，仍有权主张拆迁补偿费。

即使达成拆迁协议，如果认为补偿少，被拆迁人仍依法有权要求更高补偿。对此，法律并不禁止；相反还规定了合同的无效、变更和解除。拆迁协议系拆迁人与被拆迁人就房屋拆迁签订的民事合同，一方当事人有权就合同事项重新主张权利，而对方如何回应系对方之权利。事实上，被拆迁人先拿到部分补偿再要求更多补偿是很常见的做法。

《城市房屋拆迁管理条例》《最高人民法院关于受理房屋拆迁、补偿、安置等案件问题的批复》均将此类纠纷认定为民事纠纷，《民事案件案由规定》将此类纠纷的案由确定为房屋拆迁安置补偿合同纠纷。李志敏提出更高拆迁补偿费的要求，是其维护自身合法权益的合理主张，其能否取得更多补偿款由双方协商确定，协商不成，可以通过诉讼解决。这种情况下即便产生纠纷，也是民事纠纷，而非敲诈勒索。

十、李志敏与刘秀丽的关系，不构成重婚罪

李志敏、刘秀丽被指控重婚罪一案，在没有刑事立案手续、没有李志敏妻子王某的自诉、控告、举报材料，也没有其他合法的、有效的报案材料，更没有引发王某自杀、抑郁、吵闹等任何后果的情况下，如果依据几个与村民的"证言"（现已被确认为故意作伪证）而判定有罪，后果将是非常严重的。

十一、指控证据远不能达到刑事诉讼证明标准

1. 关键书证皆为复印件，真实性无法确定，不能作为定案依据。

涉案的 90 万元暂支条、支配存根、收据、电汇凭证、记账凭证用以证实涉案款项流向，都是复印件。李志敏、刘翠英房屋拆迁补偿安置协议书、房地产估价明细表、补偿款搬迁奖励、促迁奖励支领表、补偿金发放表等用以证实李志敏、刘翠英房屋拆迁情况的书证都是复印件。司家营铁矿二期拆迁计划及拆迁方案不仅是复印件，甚至连单位公章都没有。

《最高人民法院关于适用〈中华人民共和国刑事诉讼法〉若干问题的解释》第 71 条明确规定："据以定案的书证应当是原件。取得原件确有困难的，可以使用副本、复制件。书证的副本、复制件，经与原件核对无误、经鉴定为真实或者以其他方式确认为真实的，可以作为定案的根据。"本案关键书证均是复印件。

公诉人认为，复印件经与原件核对无误可以作为定案依据。本案复印件，何时进行过核对？哪些与原件核对无误了？哪些经鉴定为真实了？关键书证连原件都没有，如何给两名公民定罪？

2. 网络截图严重违法，不能作为定案依据。

根据滦县公安局网络安全保卫大队的情况说明，本案电子证据系滦县公安局刑警四中队委托他们进行远程勘验获得的。远程勘验电子证据，有严格的程序，本案远程勘验，违反了《计算机犯罪现场勘验与电子证据检查规则》，所取得的截图不能作为定案依据。

（1）远程勘验人员是否有资质，无从得知。《计算机犯罪现场勘验与电子证据检查规则》第 6 条："执行计算机犯罪现场勘验与电子证据检查任务的人员，应当具备计算机现场勘验与电子证据检查的专业知识和技能。"本案只有情况说明和截图，勘验人的姓名是什么都不知道，无从查验是否具备计算机现场勘验与电子证据检查的专业知识和技能。

（2）没有计算目标网站内容的完整性校验值，没有制作《固定电子证据清单》。

《计算机犯罪现场勘验与电子证据检查规则》第 22 条规定："远程勘验过程中提取的目标系统状态信息、目标网站内容以及勘验过程中生成的其他电子数据,应当计算其完整性校验值并制作《固定电子证据清单》。"

（3）没有任何方式记录远程勘验过程中提取、生成电子证据的关键步骤。《计算机犯罪现场勘验与电子证据检查规则》第23条规定："应当采用录像、照相、截获计算机屏幕内容等方式记录远程勘验过程中提取、生成电子证据等关键步骤。"本案远程勘验只有几个截图,没有任何提取、生成该网页截图的关键步骤记载。

（4）没有《远程勘验笔录》。《计算机犯罪现场勘验与电子证据检查规则》第36条规定："《远程勘验笔录》的内容一般包括:①基本情况。包括勘验的起止时间,指挥人员、勘验人员的姓名、职务,勘验的对象,勘验的目的等;②勘验过程。包括勘验使用的工具,勘验的方法与步骤,提取和固定数据的方法等;③勘验结果。包括通过勘验发现的案件线索,目标系统的状况,目标网站的内容等。"本案只有勘验结果,没有笔录;勘验的基本情况,如勘验的起止时间,指挥人员、勘验人员的姓名、职务,勘验的对象,勘验的目的不知;勘验过程,包括勘验使用的工具,勘验的方法与步骤,提取和固定数据的方法等一概不知。

（5）没有《远程勘验工作记录》,只有截获的屏幕截图。

《计算机犯罪现场勘验与电子证据检查规则》第24条:"远程勘验结束后,应当及时制作《远程勘验工作记录》。《远程勘验工作记录》由《远程勘验笔录》《固定电子证据清单》《勘验检查照片记录表》以及截获的屏幕截图等内容组成。"本案没有《远程勘验工作记录》,也没有其包含的《远程勘验笔录》《固定电子证据清单》《勘验检查照片记录表》,只有勘验截获的网页。

（6）电子数据取证程序严重违反《最高人民法院关于适用〈中华人民共和国刑事诉讼法〉若干问题的解释》第93条、第94条的规定。

勘验检查人员是否有资质、是否2人进行勘验检查不知,没有进行完整性计算,没有提取过程。收集程序、方式没有记录,无法确定是否符合有关技术规范,没有勘验检查笔录、清单,没有勘验检查人员签字。电子数据有疑问，但没有进行鉴定。电子数据的制作、取得的时间、地点、方式等有疑问，没有提供必要证明或者作出合理解释。该电子数据取证程序严重违法，不能作为定案依据。

3. 关键证人证言相互矛盾。

关于谈判地点，证人说法不一。第一次谈判地点，宁连春说在响喵卫生院王文明办公室，刘振民却说在王贵的绿化公司。最后一次谈判地点，张荣斌说在王贵的绿化公司，王贵和刘振民却说在宁连春的办公室。正式谈判次数有限，初次谈判的地点与最后达成合意的地点至关重要，但证人关于谈判地点的说法却明显不一。

关于如何给钱，证人证言相互矛盾。刘振民说第一次转账，第二次、第三次现金支付。王贵说第一次、第二次现金支付，第三次转账。而书证证实，三次支付款项的方式为：5月5日现金支付，6月1日现金支付，7月5日转账。可见，刘振民的证言与书证矛盾，与事实不符。

由谁联系付款？刘振民说第一次是李志敏找王贵要钱，第三次是刘秀丽找他要钱。但王贵却说三次都是刘秀丽找他要钱。究竟是谁找谁要钱？且钱在王贵账上，为何找刘振民付钱？

公诉人称，因案发至今已经很长时间，证人笔录中细节经过有矛盾，属于正常，符合常情常理，但证人关于本案主要事实说法一致，能够相互印证，可以采信。辩护人不同意公诉人的观点。《最高人民法院关于适用〈中华人民共和国刑事诉讼法〉若干问题的解释》第74条规定："对证人证言应当着重审查以下内容……（8）证言之间以及与其他证据之间能否相互印证，有无矛盾。"证言是否矛盾是审查证人证言的关键内容，本案证明刘秀丽参与、帮助谈判的全部证据都是言辞证据，宁连春、张荣斌、刘振民、王贵四人参与谈判，但四人证言有矛盾。

刘振民二审出庭作证，但关键问题均记不清。刘振民当庭承认谈判涉及拆迁，而后在出庭检察员的引导下，又转口说记不清。签协议的第二天，刘振民让其妹夫拆迁李志敏母亲的房屋；由自己安排，甚至手写的《承诺书》，李志敏在何时、何处签字；这些本该记得清楚的关键问题，刘振民一概说记不清。

其至当庭播放李志敏与刘振民的通话录音时，刘振民说："能听出李志敏的声音，听不出有自己的声音，无法确认与李志敏通话的是不是自己，记不清是否通过电话。"此人连别人的声音都能听出来，自己的声音却听不出来，连是否打过电话都说记不清，这明显不是如实作证，而是藐视庄严的法庭。辩方庭后提交录音原始载体，录音内容可以核实，录音的完整性可以鉴定。鉴于刘振民明显虚假陈述，涉嫌伪证，且录音内容与本案事实认定有重大影响，故辩护人申请对刘振民与录音证据进行声纹比对，确定电话录音中的另一人是否为刘振民。

重审一审中，公诉人也提出录音证据未提供原始载体，被告人可以立即提供原始载体，供法庭核对。公诉人称相对人身份不确定，王贵在二审开庭时当庭认可录音，不认可的相对人，可以进行声纹比对。公诉人称录音人诱导，应答不明确，但只要听了录音，就可以认定谈判涉及拆迁补偿是非常明确的。

4. 王贵二审出庭证言，印证其他证人涉嫌伪证。

王贵二审出庭，尽管依原来安排的证言陈述，但也证实：谈判涉及房屋拆迁补偿；李志敏网上发帖和举报政府官员；李志敏母亲房屋的拆迁协议是在谈判完成之后才签的；李志敏的《承诺书》是在足疗店签字，不是李志敏自己写的，可能是刘振民写的。这恰好与李志敏的供述相印证，他多次强调，《承诺书》是在足疗店里签的，不是自己写的。而案卷中宁连春、葛洪、刘振民、王贵本人的笔录，均提到《承诺书》是李志敏所写，明显涉嫌伪证，请求法庭追究这几人的法律责任。

指控刘秀丽参与谈判、帮助犯罪的直接证据只有宁连春、刘振民、王贵等人的证言，但证人证言之间相互矛盾，刘振民出庭作证明显说谎，王贵出庭作证，印证其他证人涉嫌伪证。本案证据千疮百孔，公诉人却说一审证据皆具备"三性"，事实清楚、证据确实充分。王贵与刘振民的笔录高度雷同，甚至标点符号都一模一样，明显是侦查人员将被一名询问人信息修改之后直接打印，让另一被询问人签字，这样的证据何来合法性？同一侦查人员在重合的时间段同时出现在王贵、王文明的笔录中，为何排除王贵的笔录，不排除王文明的笔录？对李志敏的匿名举报信，"三性"皆不具备。证明刘秀丽参与、帮助谈判的全部是言辞证据，且证据的真实性、关联性、合法性均有重大异议，法院怎能以这样薄弱、矛盾的证据给刘秀丽定罪？这些证据远达不到排除合理怀疑的刑事诉讼证明标准。

法律惩恶扬善，但一审判决却反其道而行之。企业违法占地，政府暴力拆迁，官员违法乱纪，李志敏多年举报控告，遭到当地官员百般刁难、打击报复。李志敏母亲去世时，不允许搭灵棚按习俗发丧；李志敏自己更是受到"死亡威胁"，被手持凶器、不明身份的人围殴。李志敏不容易，刘秀丽一位 53 岁的女人，一位军人的母亲，更不容易。她只是陪同李志敏谈判，30 万元拆迁款是从其银行账户"过桥"，却因李志敏被冤枉陷害而无端遭受"连坐"。正如麦克莱所言，"善良的心是最好的法律"。辩护人恳请合议庭充分考虑辩护意见，判决李志敏无罪。

2019 年 7 月 8 日，河北省迁安市人民法院判决宣告李志敏、刘秀丽无罪。

本案在 4 年多的时间里，经历了发回重审、指定异地审理、三次延长审限，终于尘埃落定。被关了 4 年 3 个月后，李志敏走出看守所，刘秀丽于 2018 年 4 月被取保候审。

法院认为，李志敏因其母亲刘翠英房屋拆迁与研山铁矿发生争议，在争议的协调解决过程中，李志敏向研山铁矿提出给付补偿费的要求，有合法的民事权利基础，属于主张自己民事权利的合法行为，被告人李志敏在网上发布司家营研山铁矿相关消息的行为，目的是实现其合法的民事权利，且其发布的消息属实，故该行为不能评价为敲诈勒索行为。公诉机关指控李志敏主观上具有"非法占有目的"，但其提供的相关证据不足，不能认定李志敏具有"非法占有目的"，故公诉机关指控李志敏的行为构成敲诈勒索罪，证据不足，指控不能成立；刘秀丽构成敲诈勒索罪应以李志敏构成犯罪为前提，故刘秀丽的行为亦不构成敲诈勒索罪。关于重婚罪，因侦查机关未对二被告人刑事立案，所取得的证据不具有合法性，故二被告人不构成重婚罪。公诉机关指控被告人构成敲诈勒索罪、重婚罪的证据不足，指控不能成立。二被告人及其辩护人提出的关于二被告人无罪的辩护意见，法院予以采信。

无罪判决以后，2019 年 8 月 12 日，李志敏在家人陪同下向滦州法院提起 552 万元的国家赔偿申请。滦州法院于 10 月 8 日作出国家赔偿决定，赔偿李志敏 67.4 万余元。对于这个赔偿决定，李志敏"很不满意"，并向唐山中院再次提出申请。2020 年 8 月 7 日，唐山市中级法院赔偿委员会作出赔偿决定，赔偿李志敏 675690.17 元，比滦州市法院多 1400 元。

2019 年 10 月 14 日，李志敏到唐山市人民检察院控告、追责，请求依法立案、调查：故意制造"冤假错案"的公、检、法相关办案人员，及故意捏造事实、诬告陷害的证人的违法犯罪事实，要求追究其刑事责任。

2021 年 5 月 20 日，李志敏到唐山市纪委信访室申请"冤假错案"复查，其被告知，部分办案人员受到党内警告。

📕 律师手记

为军人母亲辩护

徐 昕

本案是一起典型的秋后算账、打击报复而引发的案件，合法维权却被污指为敲诈勒索，尤其是为连坐刘秀丽，另指控了重婚罪。案情实际非常简单，李志敏实名举报、网上发帖，刘秀丽陪同李志敏几次参与谈判，30万元拆迁款从刘秀丽银行账户"过桥"后全部给李志敏。原审一审李志敏被判有期徒刑 11 年 9 个月，刘秀丽被判有期徒刑 5 年 8 个月，两人双双被重判，要想无罪，着实不易。

一、军人救母，律师出证

2016 年一审刚判，刘秀丽的儿子小葛就通过各种途径找我。这本是一起极普通的案件，我并没有太放在心上。后来我了解到，他是一名现役军人，在军校请假极难的情况下，竟多次请假到北京找我，恳求我救他母亲。感动于母子情深，也确认刘秀丽冤屈，我决定为刘秀丽辩护。

刘秀丽早年离异，儿子虽没有跟她一起生活，但非常孝顺。母亲蒙冤，儿子为给她请律师，反复找我，每次都向军校请假，还不断给母亲写信让她照顾好自己。为了救母，他也向学校陈情、反映，甚至在微博公开喊冤："请大家关注军人救母记！我相信没有什么能够打倒我们，今天我当着法官和我母亲的面说，我头顶军徽，面对国徽，胸佩党徽，实事求是，有何所惧！恳请唐山中院还军属一个公道！"

刘秀丽的儿子和儿媳小白，原本已定婚期，但为了救母亲，婚礼延期，两人一定要等刘秀丽出来后再办。和军人恋爱本就聚少离多，小白还未过门，未来婆婆又入狱蒙冤。但这个回族小姑娘对刘秀丽母子二人不离不弃，一直在背后支持。刘秀丽儿子尚在军校读书，小白工作挣钱贴补了很多费用，包括刘秀丽在看守所的生活费、律师的差旅费等。都说"夫妻本是同林鸟，大难临头各自飞"，二人还未成婚，在最艰难的日子里，相互支持。年轻人能有这样的感情，实在难得，也让我很是感动。

案件一审已重判，当地报复之心明显，二审案件 90% 以上不开庭，此类案件又涉及多方，凡此种种，都显示辩护难度极大。本案历时四年，河北王煜律师一直为刘秀丽辩护，二审时也已经没有信心，觉得希望渺茫。辩护律师临危受命，责任重大，但我还是决心搏一把。

二审开庭，发回重审

二审面临的最紧迫问题就是如何促使法院开庭审理，如果不开庭，通常维持一审判决的可能性就很大。我研究案件之后，立即向法院提交了二审开庭审理、调取证据、传唤证人出庭、取保候审等申请，并约见法官，当面提出了这些要求。

刘秀丽儿子早就给多个单位、部门、领导写了信反映情况，也曾在微博为他母亲喊冤。此类案件不得不喊冤。我写了短文《李志敏举报贪腐，祸及刘秀丽"连坐"》，介绍案件，为刘秀丽呼吁。此前河北唐山有陈文艳案（安排团队律师尹经奎办理，并通过自媒体进行了强力推动），两案有类似之处，都是举报贪腐未果上访，被判敲诈勒索，重审一审改判陈文艳无罪。文章不仅为李志敏、刘秀丽呼吁，也希望借此引发大家对此类案件的关注。

律师的介入以及坚决的无罪辩护态度，加上案子本身也问题重重，最终促使唐山中院2017年3月9日二审开庭审理。开庭前，我和助理肖之娥、杨扬、刘章，对案件的质证、辩护词进行了细致、多次修改。2017年3月8日，我们一大早会见了刘秀丽，刘秀丽主动向我表示很有信心，她的信心也进一步鼓舞了我。

3月9日，连续开庭8小时，只休息了15分钟。始终坚持自己被冤枉的李志敏，在当天上午的庭审中一直嗓门高、情绪激动，甚至刚开庭便质问为何上诉9个半月后才开庭，并自始至终说着一句话，"我是中华人民共和国合法公民，我有权利也有义务举报贪污、揭发犯罪，法庭应当公平公正判决。"刘秀丽则情绪相对平稳，能够条理清楚地陈述案件事实。

我们庭前申请多位证人出庭作证，法庭最终传唤两名证人出庭。两名证人出庭作证均对刘秀丽有利，刘秀丽在谈判过程中起到调解、化解矛盾的作用，也证明了刘秀丽并无敲诈之意。庭审中，控辩双方就单位能否成为敲诈勒索对象、合法举报能否成为敲诈勒索等问题进行了激烈交锋。同时，我再次提出应为刘秀丽取保候审。两个多月后，5月31日，唐山中院撤销原判，发回重审。

异地管辖，拨云见日

在实体方面，我虽是刘秀丽的辩护人，但却为全案辩护，提出李志敏行使权利的行为不能被定性为敲诈勒索；在程序方面，我要求发回重审、指定异地管辖的意见得到了唐山中院的采纳，为本案实现公正奠定了基础。

二审期间，李志敏就提出滦县法院、唐山中院与案件有利害关系，不能管辖本案的意见。我也提出过，但并未得到唐山中院的重视，且二审也确实无法直接处理管辖问题。但如果本案发回重审还继续在滦县审理，确实难保公正。因此，我们坚持异地管辖。

真是出乎意料，2017年7月17日，唐山中院指定迁安法院管辖。2017年9月4日，迁安市检察院向迁安法院重新提起公诉，指控李志敏、刘秀丽犯敲诈勒索、重婚罪。迁安法院高度重视本案，由主管刑事审判的王子良副院长亲自主审。

虽然，刑事诉讼程序一旦启动难以立即停止，但只要异地管辖，就有可能拨云见日。除本案外，还有陈文艳案、陈某某诬告陷害案均获得无罪，另外邯郸康耀江案不起诉，让我对河北的司法环境顿生敬意。

开庭未久，取保候审

当初感动于军人救母，委托合同也是一签到底，二审介入直到整个案件终结，律师费的标准也只相当于法律援助。刘秀丽儿子确实不容易，他不仅为刘秀丽找律师，也为李志敏找律师。我一向主张每个被告人都请两位律师，充分发挥律师的作用。我为李志敏推荐了黄佳德律师介入，但黄佳德会见后发现两人无法友好沟通，委托不成，导致重审一审第一次开庭时，李志敏没有律师，自行辩护。

一直不开庭，法院也不取保，我多次催促法院尽快开庭，开庭结束，刘秀丽取保才有希望。只要刘秀丽取保，我心里的大石头也就能落地了。漫长等待4个多月后，滦河冰已封，终于等到了开庭，2018年1月18日，重审一审开庭。我和王煜律师为刘秀丽辩护。

开庭时，李志敏一如既往地情绪激动，高嗓门回答和陈述，血压不时升高。我的发问则关注实名举报、联系记者、拆迁问题以及刘秀丽在其中所起到的作用是否真实及其用意，相对简洁，特别针对没有没有立案手续的问题展开了质证，打了公诉人一个措手不及。

在辩论阶段，我没有按照传统的犯罪构成展开，而是从直观易懂的常识切入，分九个方面陈述了无罪理由：（1）官方和矿方发起、三方参与的完全公开、公然、毫不避讳的谈判，不可能是敲诈勒索；（2）谈判围绕拆迁补偿进行，与敲诈勒索无关；（3）李志敏谈判，刘秀丽陪同，偶尔调解，做好人反被治罪；（4）研山铁矿、镇政府不可能产生恐惧心理；（5）没有受害人，所谓的受害人未及时报案，说明根本不是敲诈勒索；（6）有计划、附条件、分批次支付90万元，不可能是敲诈勒索；（7）90万元拆迁款并不高，不足以弥补李志敏母亲刘翠英房屋的拆迁损失；（8）指控犯罪的证据远不能达到刑事诉讼证明标准；（9）二被告人不是重婚。最后，我再次恳请："法院宣告被告人无罪，如果有困难的话，先对刘秀丽取保候审。"

2月26日，开完庭一星期，迁安市检察院提出补充侦查，法院决定延期审理。其间，我反复多次申请为刘秀丽取保候审，法院不置可否。同时，我深感李志敏的自我辩护如能得到律师正确指导，定能事半功倍。虽已开庭，但补充侦查之后，定要再次开庭。因此，我邀请朱孝顶律师为李志敏辩护。上次开庭后，李志敏对我非常信任，也接受了我推荐的律师。朱律师当过兵，也拿得住李志敏，很快就会见李志敏并向法院提交了辩护手续，加入战斗。

每个案件都有时间节点，很多法院做决定通常都会考虑这一问题。2018年4月8日，刘秀丽就被羁押整整3年了。我想这应该是一个时机。果然，迁安法院当天决定对刘秀丽取保候审，被羁押1069天的刘秀丽，走出了看守所。至此，案件迎来了曙光。我也预判，刘秀丽最坏的结果，是"实报实销"。

刘秀丽出来后我们在北京见面，她讲了很多监号里的故事，有奇葩的案例、可怜的人，还有情深的姐妹。她在看守所待了3年，算是"老人"了，管教就让她一直当监号里的"老大"，进来的人没家属存钱，她会分自己的食物、衣服给她们，照顾年老的，教导年轻的。后来她要出来了，管教还有些不舍，说是没人能像她一直能把监号里管得这么好。刘秀丽出来后二次开庭，后续我们代理她国家赔偿案，出差到迁安、滦县，食宿用车，都是她在看守所结识的姐妹安排。她们不断跟我们说，当时在看守所时，得到刘姐照顾不少，她是个好人。刘秀丽明明是无辜受到牵连，还被关了3年，竟一点不怨恨李志敏，开庭时还帮助李志敏整理衣领，确实是个善良的人。

二次开庭，终获无罪

时隔9个月，2018年9月28日，刘秀丽案再次开庭审理。当天是我执业生涯中罕见的"三庭重合"，即青岛交行5亿元贷款大案、福清林氏父子涉黑案、刘秀丽案开庭日期重合，由于法院均不同意改期，我被迫选择了最紧要的青岛交行5亿元贷款案。同时，经迁安法院许可，委托了助理肖之娥到庭宣读我的书面意见。

此次开庭，法庭传唤了两名侦查人员出庭，就案件是否立案、证人、被告人笔录时间重合、衔接等问题出庭作证。侦查人员证实重婚罪没有立案；敲诈勒索罪只有对李志敏的立案手续，没有对刘秀丽的立案手续；相关笔录侦查人员时间重合等问题无法解释。

2019年7月8日，发回重审后两年，迁安法院一审判决李志敏、刘秀丽无罪，李志敏被当庭释放。

王子良副院长，是我迄今为止遇到的最温和、最没有距离感的法官，没有之一。李志敏是非常强势的一个人，面对温和的王院长，反倒提不起脾气来。庭审时，有时候我都觉得李志敏讲的不着重点，重复太多，提示他可以说要点，有利于法庭听清楚和书记员记录。但王院长总是以柔克刚，几乎不会打断他，让他想说就说，随便说。休庭时，李志敏想抽烟，王院长还给他一根，并亲自点烟，还询问他身体情况。他对被告人没有丝毫排斥和对抗，也非常关心刘秀丽，问她监所的情况，身体治疗情况，等等。这些细节，无论是被告人还是辩护人，都感觉很暖心。

案件审理过程中，王院长高度重视被告人和辩护人的意见，开庭后不久，就为刘秀丽取保候审。判决虽有拖延，定是各方博弈，王院长和合议庭坚持而来，我相信没有王院长的坚持，不会有这样的结果。正义晚到，但没有缺席。我以律师名义和刘秀丽一起，给王院长送去了锦旗，以表感谢。我也电话向他表示了感谢。

意义重大

这起案件宣告无罪相当不容易，迁安法院尤其是主审法官王子良副院长的坚持是关键。庆幸我们律师在每个阶段的策略和把握到位，哪怕一步走错，都不会有这个无罪判决。事后总结这起案件，大家都觉得意义重大。

第一，界定了索要"较高"拆迁补偿款的同时伴有对拆迁方违法行为举报、控告行为的性质，划分了行使合法权利和敲诈勒索之间的明确界限，有利于分清此类案件民事和刑事之间的界限。有合法的民事权利基础，就不具有非法占有目的，不存在敲诈勒索行为。法律保护和鼓励公民维护自己的权利，维权过程中的不同认识属于民事法律的调整范畴，而与敲诈勒索无涉。

第二，重申了政府不能，也不应当被敲诈勒索的原则。如果老百姓的诉求是合法的，那么地方政府没有理由受一个合法行为的胁迫。如果诉求是非法的，地方政府更不应该向非法行为屈服，进而处分公共财产。

第三，彰显了管辖权异议、回避制度的重要性，程序辩护与实体辩护同等重要。管辖和回避是犯罪嫌疑人、被告人至关重要的程序性利益，是刑事审判的第一步，辩护律师必须"寸土必争"。可以说，没有唐山中院指定异地管辖，就没有本案的无罪判决。

第四，重申了未经刑事立案取得的证据不合法的规则。这堪称程序辩护的胜利。这一重大程序问题，是肖之娥发现的，足见认真细心于刑事辩护之重要。司法实践中，也存在侦查某一罪名的过程中发现其他罪名，未经及时立案，便进行侦查、起诉、审判的情形，如我辩护的黑龙江马彬案。这份无罪判决所重申的规则应当得到推广，一些涉及数罪的案件便可能因此而无罪，并会进一步规范侦查机关依法办理案件。

评析

唐山举报红人李志敏案有一定的特殊性。

对此，律师的辩护可谓"地毯式辩护"。辩护律师首先从案件存在的程序问题出发，把程序辩护发挥到极致：分析举报信的来源和公安机关领导对举报信做的批示，论证案件来源的不可靠以及公安机关违法办案嫌疑；提出重婚罪缺少立案手续，进而质疑检察官的客观公正义务，甚至上升到《宪法》规定的公检法互相制约规定；就审查起诉期限和审判期限提出违规延期的问题；从立案手续的缺失以及侦查活动的矛盾，提出非法证据排除主张等。在李志敏案件中，辩护律师发挥了"质疑一切"的精神，促使办案机关慎重地审理案件，甚至很可能附带性地扫清了影响案件公正审判的不法力量。

相比于程序辩护，律师在实体上的辩护也值得关注。比如政府能否成为敲诈勒索的对象；企事业单位能否成为敲诈勒索的对象；公民行使监督权与敲诈勒索的界限；公民行使权利与敲诈勒索的界限，等等。首先，法律本就赋予公民监督、举报的权利，不应受到变相压制；其次，政府机关不具有被精神强制的可能性，不能作为敲诈勒索的对象；同时，政府工作人员没有处分公共财物的权能，也无法成为敲诈勒索政府行为的具体对象。再次，虽然李志敏拿到的 90 万元是研山铁矿支付的，但李志敏拿的是征地补偿款，其手段合法，目的也合法，不可能构成敲诈勒索罪。对此，该案辩护律师已结合案件具体情节和上述法律原理进行了详细的辩护。最后，在此类案件多被定罪的情况下，该案最终作出无罪判决，不仅是律师的胜利，也是司法机关的胜利，更是法律的胜利。

转让协议引牢狱之灾　经济纠纷成刑事犯罪

陈　宁　路国强

回顾

浙江女商人黄爱英没有想到，自己人生最剧烈的一次跌宕，不是来自于她在河南房地产生意场上的波诡云谲，而是来自于合作伙伴对她的一次控告。

黄爱英是河南省永城市政府招商引资来开发房地产项目的企业家。2004 年 7 月，她成立了永城市永乐房地产有限公司（以下简称永乐公司）。在工作中，黄爱英结识了李朝记，二人早在十余年前便有商业合作，但因"永城市东城区和谐人家小区项目"，二人反目成仇。

2010 年，经业主推荐、永城市政法委会议纪要确认，永乐公司获得了维稳项目和谐家园小区的开发权。该项目所在的旧小区原本就是问题小区，政法委为了解决矛盾，牵头成立了多家机关单位组成的工作组，以拆旧房、建新房的方式化解矛盾，因此需要开发商先进行拆迁安置，政法委协调各机关办理行政审批手续。

2012 年 12 月，黄爱英将正在进行的该拆迁改造项目转让给李朝记，并签订了《项目转让协议书》，约定转让费为 2000 万元，并将永乐公司股权一并转让给李朝记，随后李朝记陆续支付黄爱英 1398 万元转让费。后来，因房地产市场走低和"和谐小区"业主矛盾问题，导致项目迟迟未能开发完毕。李朝记毁约，多次要求黄爱英退还转让款。

✳ 案件

2015 年 9 月，双方矛盾升级，发生肢体冲突；2016 年 5 月，李朝记向永城市公安局控告黄爱英合同诈骗 2000 万元以及担任永乐公司副总经理期间利用受公司委托洽谈施工队的职务便利，侵占施工队工程保证金 300 万元。

2016 年 6 月 17 日，永城市公安局以黄爱英涉嫌职务侵占罪向永城市人民检察院移送审查起诉；2016 年 7 月 7 日检察院退回公安机关补充侦查，补查后公安机关发现黄爱英涉嫌合同诈骗罪，并于 2016 年 11 月 10 日以合同诈骗罪、职务侵占罪移送审查起诉；检察院再次退回补充侦查。补充侦查后，永城市人民检察院于 2017 年 3 月 9 日以合同诈骗罪、职务侵占罪起诉黄爱英。

起诉书指控内容如下。

一、合同诈骗罪

2012 年 12 月，被告人黄爱英在没有取得永城市东城区和谐家园小区开发权的情况下，对被害人李朝记谎称已取得该小区项目的开发权，且经小区全体业主同意，骗取被害人李朝记的信任，与被害人李朝记签订了小区《项目转让协议书》，将该小区项目转让给被害人李朝记，骗取被害人李朝记转让费共计 2100 余万元。

二、职务侵占罪

2014 年 1 月，被告人黄爱英受永乐公司委托，以永乐公司副总经理的名义，代表该公司在与河南省天宇建设集团有限公司洽谈和谐家园小区发包有关事宜的过程中，利用职务之便，让承建商张伟、吕建洲二人将交给永乐公司的工程保证金 300 万元分三笔转入其儿子赵子豪的账户上，将其中 30 万元用于和谐家园小区拆迁费用开支，其余全部用于个人开支。

公诉机关认为，黄爱英以非法占有为目的，在签订、履行合同过程中，骗取公民合法财物，数额特别巨大，其行为触犯了《刑法》第 224 条第 1 款之规定，犯罪事实清楚，证据确实充分，应当以合同诈骗罪追究其刑事责任。被告人黄爱英在接受永乐公司委托的过程中、利用职务便利，将公司财物非法占为己有，数额巨大，其行为触犯了《刑法》第 271 条第 1 款之规定，应当以职务侵占罪追究其刑事责任。

2017 年 11 月 2 日，永城市人民法院判决黄爱英构成合同诈骗及职务侵占罪，合并判处黄爱英 20 年有期徒刑。

黄爱英上诉之后，家属委托陈宁、刘薇薇律师作为二审辩护人参与诉讼。经过查阅卷宗、会见上诉人、调查取证，辩护人认为，一审判决认定黄爱英以非法占有的目的，通过虚构事实、隐瞒真相的方式在签订合同过程中骗取李朝记 139 万元，以及认定黄爱英职务侵占 300 万元，事实不清、证据严重不足，请求依法改判黄爱英无罪。

具体辩护意见如下。

第一部分　关于合同诈骗罪

一、一审法院认定黄爱英没有开发权事实不清、证据不足

和谐小区是永城市政府的维稳项目，由永城市政府主导，全体业主同意实施统一拆迁重新建设安置的方案，其开发方式类似于旧城改造模式，属于政府的土地一级开发项目。根据《河南省建设厅关于加强城中村改造工作的指导意见》的规定，这类项目允许开发商主导的市场化运作方式。辩护人提交的两份最高人民法院指导案例也证明了和谐小区这种开发商先期介入、开发商负责拆迁安置、行政审批手续由政府部门协调办理的开发

模式，是合法有效的。

本案中可以证明黄爱英及永乐公司具有项目开发权的证据有：

1. 根据永城市政府维稳工作领导小组办公室2010年11月28日印发的〔2010〕第5号《会议纪要》可见：（1）中间排和后排群众基本同意联合改造的意见，并主动递交了要求改造的申请；（2）改造工作由群众代表王福安牵头实施，并自行联系了开发商（永乐公司）；（3）项目审批工作正在进行中；（4）工作组要深入一线，帮助双方群众代表及开发商解决在协议签订、房屋拆迁、项目建设等工作中出现的困难和问题。

2. 2010年11月的《铁南路群众信访案件》项目委托开发意向书中可见：（1）群众代表同意永乐公司作为铁南路项目的房地产公司负责开发，永乐公司必须认真履行落实，建造一个高质量、高品位的小区；（2）双方遵照市政府旧城改造的"群众要有利益，开发商要有利润，社会要有效益，国家要有收益，城市要有形象，稳定要有保障"的六原则，群众代表为永乐公司也为政府做好开发前期的群众思想工作，稳定群众情绪，向市政府争取除原拆迁项目优惠政策之外的其他针对性优惠政策，使改造项目顺利进行。

3. 维稳办2016年5月11日出具的《证明》可见，在2012年12月10日黄爱英转让项目前，已签订拆迁补偿协议的业主有238户。

4. 维稳办于2016年1月26日出具的《证明》可见，黄爱英于2011年2月28日缴纳了200万元维稳押金。

5. 黄爱英、薛子臣、梁丽均证明黄爱英已支付一部分拆迁安置费用。

6. 据证人薛子臣、秦允信称，和谐小区曾经进行过规划设计的公示。

以上证据足以证明，作为旧城改造项目，黄爱英的永乐公司作为和谐小区的开发商的地位，得到了全体业主、永城市政府的认可，经过规划设计以及规划局公示，且已经实质开展拆迁安置工作，其开发权是真实存在的，否则永城市政府以及全体业主不会容忍黄爱英明目张胆地签订拆迁补偿协议，更不会容忍李朝记公开拆迁施工。

二、一审判决认定黄爱英虚构了永城市和谐家园小区拆迁后建筑面积可达 18 万平方米，事实不清、证据不足

虽然黄爱英称和谐小区进行过规划设计，因为设计资料移交李朝记而无法提供，但是和谐小区最初是否经过设计、建筑面积达到多少、是否规划公示，一审并未查清，而是完全根据李朝记的控告认定建筑面积不足 18 万平方米，该认定没有事实依据。辩护人有如下反证证明和谐小区存在建筑面积可能达到十几万平方米的合理怀疑。

1. 根据常识判断，李朝记报案称："协议上说这个小区可以建 18 万平方米，经市政府规划局初步核算这个小区最多能建 44000 平方米"，是为控告黄爱英的捏造行为。

根据证据材料中仅有的三份拆迁补偿协议显示，被拆迁面积分别 114.7 平方米、91.7 平方米、91.7 平方米，辩护人姑且以每个被拆迁户平均被拆迁面积为 100 平方米估算，按照维稳办的说法，316 户被拆迁户，应安置的建筑面积达到 3.16 万平方米，所有开发费用由永乐公司承担，根据开发成本的常识计算，建筑面积至少要达到 3.16 万×2=6.32 万（平方米）开发商才能勉强收回成本（不包括开发资金的利息损失）。如果政府仅批准 4.4 万平方米，开发商一定面临巨额亏损，如若如此，黄爱英也不会在最初用两年的时间投入大量资金和精力去极力促成项目的开发。这是完全不符合常理的。

2. 根据辩护人向证人薛子臣调取的维稳办 2013 年 12 月 24 日向市政府出具的汇报显示，初步设计容积率为 10.01，地上建筑面积 133495 平方米，维稳办还向市政府报告建议将容积率提高到 12.03，总面积达到 16 万平方米。这一书证不仅使李朝记的控告不攻自破，而且证明了不排除永乐公司最初的规划设计达到 18 万平方米甚至更高面积的合理怀疑。

3. 维稳办原工作人员薛子臣和业主代表秦允信称，和谐小区先后进行多次规划公示，最高公示过 32 层，期间多次更改，最后规划过 17 层。辩

护人在项目现场发现的破损公示牌依稀仍有规划局相关信息显示，印证了黄爱英的辩解意见，和谐小区存在曾经进行过规划公示的可能性，但是这一认定和谐小区最初设计建筑面积的关键书证，一审法院一直没有调取查明。

三、一审法院认定黄爱英没有将和谐家园小区改造押金（数额不低于业主方房屋价值约 3000 万元）汇入市维稳办指定账户，致使该小区后期建设无法继续进行，事实不清、证据不足

一审法院认定该事实的依据是维稳办于 2016 年 5 月 11 日出具的《证明》，首先，该《证明》系复印件，并且从证据类型上应定性为证人证言，该《证明》没有相关出具人签名，其证据来源不明，内容真实性无法向具体出具人核实，也即该证据的真实性无法核实。

其次，全案无其他任何证据证明该 3000 万元金额通过何种方式评估、计算、确定，是否经过永乐公司认可；金额如此巨大，全案却没有关于收取押金的主体、指定账户方面的文件或合同约定，也没有收取押金具体时间节点、方式及通知缴纳的证据，更无收取押金后如何拨付使用的文件规定，可见，"3000 万元改造押金"这一信息来源不明，而所谓的"黄爱英没有将和谐家园小区改造押金（数额不低于业主方房屋价值约 3000 万元）汇入市维稳办指定账户，致使该小区后期建设无法继续进行"，更是没有任何依据的主观臆断。依照孤证不能定案的原则，该《证明》不应作为定案依据。

最后，从常识上判断，"维稳押金"并不如《证明》中所述有如此重要的作用。维稳办 2016 年 1 月 26 日出具的《证明》可见，黄爱英缴纳了 200 万元押金，于 2012 年 9 月 11 日支走 100 万元，于 2014 年 11 月 21 日、2014 年 12 月 23 日由维稳办代为偿还朱继民、马阳阳各 50 万元。如果改造押金如《证明》中所述，是后期规划设计的前提条件，黄爱英没有继续缴纳 3000 万元押金却能顺利提走 200 万元已缴纳押金的事实就非常不合常理，维稳办从未催缴更加不合常理。

四、一审判决认为黄爱英虚构承建和谐家园小区已经全体业主同意这一事实，事实不清、证据不足

首先，黄爱英并未承诺承建和谐家园小区已经全体业主同意，黄爱英与李朝记签订的《项目转让协议》上写明的是"原业主基本上与永乐房地产公司签订了拆迁协议书"，在汉语的语境中，"基本上"并非指"全部"，而是"大部分"。即便按照维稳办 2016 年 5 月 11 日出具的《证明》所述，本项目共涉及拆迁户 316 户，已签约 238 户，占比 75% 以上，也足以达到合同约定的"基本上（大部分）"的标准。一审法院无视合同约定及在案的其他证据，直接根据李朝记的诬告内容认定案件事实，明显偏离公平正义。

其次，关于和谐小区共多少拆迁户，一审法院并未查清。经过阅卷，辩护人发现目前能直接证明和谐小区的拆迁户的具体数量的证据仍旧是维稳办于 2016 年 5 月 11 日出具的《证明》这一孤证，永城市公安局于 2017 年 1 月 25 日向梁丽调取了 238 份拆迁补偿协议，附卷的拆迁补偿协议仅有 3 份。黄爱英本人以及辩护人均无法对该 238 份拆迁补偿协议进行辨认、质证，侦查机关隐匿证据、一审法院刻意回避基本事实，是导致本案走向错案的重要原因。

综上所述，一审法院判决认定黄爱英虚构事实、隐瞒真相的 4 个理由，均未达到事实清楚、证据确实充分、排除合理怀疑的证明标准，合同诈骗的全案判决事实不清、证据严重不足，请求法院改判黄爱英无罪。

第二部分　关于职务侵占罪

一审法院认为：黄爱英收取吕建洲、张伟工程保证金 300 万元事实清楚，黄爱英未向法院提交证据证明其收取以上款项的理由。虽然黄爱英对李朝记提交的委托书不予认可，但是黄爱英一直在协助李朝记完善和谐家园小区建设的相关工作。以此认定黄爱英构成职务侵占罪。以上认定，辩

护人认为事实不清、证据不足。

一、关于黄爱英在转让永乐公司股权和和谐小区开发权后是否仍是永乐公司工作人员，事实不清、证据不足

证据材料能够证明黄爱英在张伟签订《建设工程施工合同》时系永乐公司工作人员的证据有：《委托书》两份、被害人陈述、证人证言。

1. 所谓永乐公司向天宇建设集团提交的《委托书》，真实性存疑，黄爱英和一审律师多次申请鉴定被否决，导致案件关键事实不清。

关于职务侵占罪的指控，黄爱英自始至终坚决否认，并且坚持认为所谓永乐公司向天宇建设集团提交的《委托书》系李朝记为控告黄爱英而事后伪造。该《委托书》的形成时间，是判定职务侵占罪是否成立的关键证据，在一审开庭前，全案证据材料中有两份形式明显不同的复印件，李朝记于一审庭审过程中才提交其中一份原件，黄爱英和一审辩护律师于庭前、庭中、庭后多次向一审法院申请鉴定被否决，却以该真实性严重存疑的书证作为定案依据，酿成错案、冤案。

2. 指控职务侵占的关键证人不出庭，导致关键事实没有查清。

本案关键证人张伟、吕建洲、周亚、周莉、侯红丽的庭前证言存在自相矛盾和互相矛盾以及诸多不符合常理之处。在一审过程中，辩护人依法提出申请的情况下，无一证人出庭接受质证，而一审法院对这些相互矛盾、严重不符合逻辑和经验法则的证据进行认证，并作出裁判，违反刑事诉讼法关于证人证言的认定规则。

二、关键证据系复印件，真实性无法核实

张伟与永乐公司签订的《建设工程施工合同》系复印件，整个合同多处显示"承包人"栏均无河南省天宇建设集团有限公司的痕迹，甚至

多处显示承包人为"永城和谐小区",而且该合同没有河南省天宇建设集团公司的公章,该合同也未经河南省天宇建设集团有限公司的认可。也就是说,河南省天宇建设集团有限公司是否为真正的承包人是不确定的,如果天宇公司根本没有承包该项目,就不存在永乐公司向天宇公司出具的《委托书》。

三、依约履行合同义务,不应成为反证有罪的依据

"协助李朝记完善和谐家园小区建设的相关工作"是李朝记和黄爱英签订的《项目转让协议》中的要求,黄爱英的守约行为反而作为反证其具有永乐公司职务的证据,是明显的强词夺理。

四、有确切证据证明李朝记为达到控告目的,串通公司工作人员作伪证

根据李朝记的陈述,赵子豪 2012 年至 2014 年担任出纳会计一职;侯红丽称:"在 2012 年 6 月至 2013 年年初,赵子豪在我们公司是出纳会计。"周莉称:"这个工资表是假的,当时公司的出纳是黄爱英的儿子赵子豪,赵子豪负责造工资表,上面显示的是每月 3000 元,工资表上签的名字是黄爱英的,但是黄爱英的签名都是赵子豪替黄爱英签的。"黄爱英的家属向律师提供了赵子豪的护照,护照显示 2011 年 12 月 9 日赵子豪从北京出境,当天入境西班牙马德里,直到 2013 年 8 月 28 日才从西班牙返回国内,2013 年 8 月 29 日入境。其间近两年的时间,赵子豪一直在西班牙生活。在这一年零 8 个月的时间内,赵子豪不可能担任永乐公司的会计,更加不可能代替其母亲签字领工资。这一客观证据足以反证李朝记、周莉、侯红丽证言的虚假性。

五、黄爱英的辩解意见有事实依据，不排除李朝记以工程保证金冲抵所欠黄爱英的转让款、事后反悔诬告陷害的合理怀疑

黄爱英与李朝记约定的项目转让款为 2000 万元，但是根据一审判决的数额，李朝记已付 1398 万元，仍下欠 602 万元项目转让款，黄爱英关于李朝记以工程保证金冲抵转让款的辩解意见，完全符合事实。

综上所述，辩护人认为，李朝记因看中和谐小区的巨大利益，恰逢永城市房地产市场走高，便想从黄爱英处获得和谐小区的开发权。在黄爱英已取得 75% 以上业主拆迁补偿协议的情况下，因其个人能力的问题导致后期收尾的拆迁工作进展缓慢，迟迟无法完成拆迁，加上永城市房地产市场开始低迷，李朝记无法收获预期利益，就转而以刑事控告达到致使黄爱英返还转让款之目的。这是一起纯粹的经济纠纷，而且李朝记也确实向永城市人民法院提交过民事起诉，要求黄爱英返还项目转让款。一审法院的判决最重要的依据是永城市政府维稳办出具的一份无人签字的《证明》复印件，在本案中，永城市政法委是证人的角色，在这种情况下永城市人民法院无法保持中立、公正，故辩护人恳请二审法院依法查明案件事实，纠正错案，依法改判黄爱英无罪。

如本案不能依法改判，因案件涉案金额特别巨大，依据法律可能判处无期徒刑，一审依法应由中级人民法院审理，永城市对本案没有管辖权，且应当回避。因此，辩护人请法院商请河南省高级人民法院指定管辖，或者发回永城市人民法院以外的其他基层法院审理，以彰显司法公正。

经过二审辩护工作，商丘市中级人民法院于 2018 年 5 月 21 日裁定撤销原判、发回重审。

发回审后黄爱英家属继续委托陈宁律师作为辩护人参与诉讼。

发回重审期间，律师向当地政法委、小区业主调取证据，并反复申请司法机关对控告人提交的《委托书》等用于控告并成为定案依据的书面材料进行鉴定。法院最终同意送交鉴定，经过西南政法大学司法鉴定中心细

致认真的鉴定，确认控告人提交的证据存在明显的伪证，由此揭开了控告人捏造事实诬告的真相。律师仔细梳理并向法庭提出了案卷中的无效、违法证据，充分运用有利证据，辅以建筑房地产领域拆迁改造项目的政策法律规定、土地一级开发的民商事判决书，形成本案系经济纠纷而非刑事犯罪的辩护意见。经过艰苦的调查取证和辩护工作，永城市人民法院判决黄爱英职务侵占罪不成立，但出于种种原因，对黄爱英合同诈骗罪的辩护意见没有采纳。

2019年1月17日，永城市人民法院重新审理后作出判决，认定职务侵占罪事实不清、证据不足，被告人黄爱英构成合同诈骗罪，判处有期徒刑13年，并处罚金50万元。

黄爱英再次上诉，辩护人申请开庭审理，并坚持作无罪辩护。2019年5月29日，商丘市中级人民法院经过开庭审理，撤销一审判决，宣判黄爱英无罪。

法院根据已查明的事实和在案证据，经审理认为，上诉人黄爱英与李朝记签订、履行合同的行为，不符合《刑法》第224条合同诈骗罪的法律规定，其行为不构成合同诈骗罪。具体理由如下。

一、黄爱英主观上不具有非法占有的故意

根据永城市委维稳工作领导小组办公室印发的《会议纪要》以及《关于和谐小区项目情况说明》，可以证明和谐小区系永城市政府的维稳项目。在工作组主持下，群众代表选择永乐公司为开发商，确定由永乐公司实施拆迁改造项目。根据永城市委维稳工作领导小组办公室出具的《证明》、237份《拆迁协议》以及和谐小区规划设计图样，可以证明和谐小区项目虽然未实际开始国有土地出让、申办国有土地规划许可证、建设工程规划许可证的行政审批环节，但是政府先期介入，该项目由开发商主导、政府协调配合进行开发，永乐公司与大部分业主签订了拆迁协议，具有项目开

发资格。且黄爱英作为永乐公司实际控制人，支付了部分拆迁补偿款，缴纳了 200 万元改造押金，对该项目具有财产性权益，有权进行转让。

二、黄爱英在签订、履行合同过程中，没有以虚构的单位或冒用他人名义签订合同等行为，不符合《刑法》规定的合同诈骗罪构成要件

和谐小区项目客观存在，黄爱英作为永乐公司的实际控制人，有权对该项目进行开发。虽然黄爱英与李朝记签订的转让协议中载明经全体业主同意取得和谐小区的建设开发权，同时亦载明原业主基本上与永乐公司签订了拆迁协议。且根据《项目转让协议》第 4 条约定：黄爱英协助李朝记做好项目的拆迁工作、规划批准及向政府争取有关优惠政策等事宜。说明李朝记知道在签订协议时该项目未进入土地规划许可、建设工程规划等行政审批环节。该转让协议虽约定拆迁后可建筑面积 18 万平方米左右，但该面积是在未经建设规划部门审批前的一种预测。即使个别业主不同意，实际建筑面积达不到预期目标，黄爱英的行为亦不能构成刑法上的合同诈骗。

三、本案项目转让属民事纠纷，不应认定为合同诈骗

经济纠纷与刑事诈骗犯罪的区别是行为人是否通过虚构事实以骗取他人财物，主观上是否具有非法占有他人财物的目的，是否符合《刑法》规定，且具有严重的社会危害性。市场经济活动中的纠纷，当事人可以通过民事诉讼方式获得司法救济的，不应动用刑事手段。本案中，黄爱英主观上不具有非法占有的故意，没有实施刑法规定的合同诈骗罪的行为，因合同目的未能实现而产生的纠纷，未超出民事合同纠纷的范畴，可以通过民事诉讼方式予以救济。

另外，关于李朝记及其诉讼代理人所提黄爱英的行为构成职务侵占罪的问题。经查，原审判决未认定黄爱英构成职务侵占罪，且永城市人民检察院未在法定期限内提出抗诉，经法院审查，原审认定正确。该意见不能成立，法院不予采纳。

法院认为，原判认定上诉人黄爱英构成合同诈骗罪，属于认定事实和适用法律错误，应当依法予以纠正。

至此两罪皆无，尘埃落定。2020年1月12日，本案被写入河南省高级人民法院胡道才院长在河南省第十三届人民代表大会第三次会议上所作的法院工作报告。

虽获无罪，但这场牢狱之灾对黄爱英影响巨大，她不但在经济上蒙受了巨大损失，多名家人因与其有资金往来也受到牵连，黄爱英还落下了严重的甲状腺病、高血压、妇科病，身心受到严重创伤。

ⓘ 律师手记

用核心证据厘清刑、民案件界限

陈宁

合同诈骗罪

合同诈骗罪是行为人以非法占有为目的，在签订、履行合同过程中实施虚构主体、虚构担保等欺骗手段，使合同相对人产生错误认识，从而处分财产并造成损失的危害行为。由于合同诈骗罪法律条文内在逻辑上的缺陷，司法实务中经常发生机械适用法条而忽视普通民事欺诈或者民事纠纷与合同诈骗罪之间的界限。通常情况下，民事欺诈或民事纠纷存在基础交易事实，行为人只是在交易的价格、品质、功能等方面进行了夸大或者限缩（虚构），行为人的目的是促成交易，并通过交易行为获取巨大经济利益。而诈骗犯罪并不存在基础交易事实，或者行为人根本不具备履行合同的实际能力，其目的不是通过履行合同赚钱，而是"无中生有""空手套白狼"，骗取对方财物。

本案中，原审法院认为黄爱英没有取得土地使用权却谎称取得了开发权是虚构事实，这是没有充分注意到涉案项目的特殊性。拆迁安置项目的开发流程有别于纯商业开发，前期的拆迁安置过程属于土地一级开发，也是取得开发权的一种表现形式，且在当时当地并不违反法律法规的强制性规定，用典型的商业开发来衡量拆迁安置小区的开发权取得与否偏离了客观实际；同时，永乐公司开展拆迁安置工作本身就意味着项目真实存在，项目价值可以通过市场方法确认。其次，原审法院认为，黄爱英没有提供证据证明自己付出了较高物质成本，却将项目以 2000 万元转让，属于虚构事实。

我们认为，商业的逐利性决定了成本永远是商业秘密的一部分，黄爱英不负担披露成本的义务，项目的市场价值而非成本才是对项目转让定价的依据。在转让时涉案项目非常抢手，这是双方以 2000 万元达成一致的重要因素，却被原审法院忽略。而市场波动、成本增加都是难以控制的商业风险，也是合同风险的必然组成部分，作为接受项目的一方应当具有承受风险的能力，而非一旦出现风险就将责任推给对方。本案中，李朝记投资失败的损失应当通过民事途径解决，而非动辄动用国家公器。二审法院认定双方属于民事纠纷，而不是合同诈骗犯罪，是完全正确的。

另外，原一审法院认定黄爱英构成合同诈骗罪的主要定案证据是 2016 年 5 月 11 日市委维稳办出具的一份《证明》，认为黄爱英没有及时按要求将小区改造押金汇入维稳办指定账户，致使该小区后期建设无法继续进行，所以黄爱英未取得和谐家园小区的建设开发权。然而该份《证明》仅有市委维稳办的盖章却无人签字，后辩护人就以上《证明》向市委维稳办发征询函，并且通过现场走访，询问《证明》的制作人并告知其作伪证的法律后果，在面临巨大压力的情况下，市委维稳办又出具了一份《复函》，推翻了之前的假《证明》内容，二审法院最终认定黄爱英的行为不构成合同诈骗罪。

职务侵占罪

职务侵占罪是常见犯罪。本案中，控告人为了追回转让款，控告黄爱英职务侵占，为了顺利立案，控告人在控告时提交了一份"委托书"，用于证明黄爱英系永乐公司的经理，黄爱英持委托书与建筑商洽谈、签订合同属于履行职务的行为，黄爱英将建筑商转到其个人卡上的工程保证金据为己有属于职务侵占。通过黄爱英本人辨认，她本人从未见过该《委托书》，也未在《委托书》上签字。建筑商提供证言称黄爱英带着公司委托书与其签订合同，黄爱英也表示否认。控告人还以黄爱英在公司领取工资，并由黄爱英之子代为领取、签字为由，坚持黄爱英具有单位工作人员的身份。

基于上述证据真实性存在重大疑问，辩护人多次向检、法提出鉴定申请。经过鉴定，委托书的打印、盖章时间与落款时间相差3年，证明这是控告人为了实施诬告事后单方制作的伪证；同时，辩护人调取了黄爱英儿子的出入境记录，证明在控告人所称的代签字领取工资期间，黄爱英儿子根本不在国内。且本案中，工程款交付的过程、控告人参与合同签订过程的事实都与指控的犯罪事实之间存在情理上的极大冲突，而且黄爱英取得工程保证金时，控告人李朝记应当支付的转让款尚未支付完毕，不能排除系李朝记指使建筑商将款项转给黄爱英用于抵偿所欠黄爱英的项目转让款的可能。最终，法院认定职务侵占事实不清，证据不足，未予认定。

因此，该案主要的问题在于出现了大量的伪证，使得案情扑朔迷离，检察机关没有对侦查证据认真审查，导致大量控告人于控告前自行制作的虚假证据进入法庭。辩护人启动了非法证据排除程序，逐一指出了证据存在的重大瑕疵。

本案中最值得关注的是辩护律师调取了大量证据，直接对原审判决的定案依据提出了有力的质疑，同时通过各种策略启动了新的鉴定程序，揭露了控告人提供伪证的行为，使得合议庭对原审案件事实的认定产生了重大怀疑。在我国《刑事诉讼法》中，诉讼参与人仅有申请重新鉴定、补充鉴定的权利，但本案中，为了查明案件事实，司法机关应申请在原有的控方鉴定之外启动一个全新的鉴定，这是本案走向公正审理的重要一步。

结语

律师开展无罪辩护，应当首先锁定案件核心证据，认真研判核心证据的真实性、合法性、关联性，在严格遵守执业纪律执业规范的前提下，针对核心证据确定事实调查和法律查明的方向，并选择必要的证据予以调取，发现有被侦查机关隐匿的对被告人有利的证据，应当坚持申请调取。无罪辩护的全过程中，要始终坚持被告人和辩护人的诉讼权利不放松，穷尽一切合法合理的手段维护当事人合法权益，引起司法机关的足够重视，并全盘谋略，保证裁判者能够最大限度排除干扰，兼听控辩双方意见。同时，民刑交叉案件不仅需要娴熟的刑事辩护技巧，还需要熟悉相关民商事领域法律法规及商业实践。本案中，辩护人向法庭提交了建筑房地产开发的流程和政策法律规定，协助裁判者用民商事思维重新审视案件事实，有助于裁判者准确定性，并收到预期辩护效果。

评析

调查取证权是辩护律师的三大权利之一，其重要性不言而喻。但律师在刑事案件中调查取证面临"风险大、收益小"的困境。

"风险大"表现在，律师在调取证据过程中面临"涉嫌毁灭证据、伪造证据、妨害作证罪""窝藏、包庇罪""泄露国家秘密罪"等风险。"收益小"表现在，律师调查取得的证据很可能因各种理由不被采信。因此，什么样的案件有必要调查取证？什么样的证据调取后对辩护工作有实质性帮助？以及律师如何规范地调查取证？如何在调查取证过程中保护自己？这些都是需要律师在调查取证时必须要考虑的问题。

黄爱英案中，辩护律师大量调取证据是成功辩护的关键。辩护律师在办案过程中调取的大量证据，动摇了黄爱英案的证据体系。比如向法院申请调取证据，向当地政法委、涉案项目业主等单位和个人调取证据，此外，律师还调取到涉案人员的出入境记录，通过申请鉴定发现并证实控告方作伪证、诬告陷害。同时，针对当地维稳办出具的《证明》，辩护人致函维稳办，拿到了维稳办的《复函》，推翻了之前的《证明》。试想，如果辩护律师在办案过程中，不积极申请调取或亲自调取多份有利证据，何以实现有效辩护？

该案一审判决关于合同诈骗罪中"虚构事实、隐瞒真相"的手段认定，反映出司法机关在认定"欺骗"要素时，未能准确把握合同诈骗罪的构造。由此可见，黄爱英案中存在两个比较典型的问题。其一，只要合同约定事项与案发时的客观事实不符，就构成诈骗。合同约定项目建筑面积18万平方米左右，案发时不足此数，就被一审判定为虚构事实。其二，合同交易中，行为人"低买高卖"也容易被认定为虚构事实。黄爱英案一审判决就认为，"黄爱英没有提供证据证明自己付出了较高物质成本，却将项目以2000万元转让，属于虚构事实"。上述认定表面看是司法机关忽视合同诈骗罪的构罪逻辑，误将行为人无法预见的市场变化视作行为人的事前故意，实际上是司法机关放任控告方通过刑事手段插手经济纠纷以期转移市场风险。

幸而通过律师的辩护，在合同诈骗罪最终的认定上，二审法院严格适用该罪名的认定逻辑，采纳了辩护律师的意见，作出了准确认定。

二审判决认为，"该转让协议虽约定拆迁后可建筑面积18万平方米左右，但该面积是在未经建设规划部门审批前的一种预测。即使个别业主不同意，实际建筑面积达不到预期目标，黄爱英的行为亦不构成刑法上的合同诈骗"，不因合同约定事项与实际情况不符，就机械、草率地认定为合同诈骗罪。

正义举报反被控寻衅滋事 3年抗争洗刷冤屈

黄柏瑞

🎬 回顾

陈海专原系汕头市龙湖区小学教导处副主任，兼任汕头市家庭教育讲师团专家、南方报业集团阅读研究院顾问。参加工作 20 多年来，陈海专一直遵纪守法、敬业爱岗，多次被评为省、市级先进教师，曾获"南粤优秀教师""广东省十佳阅读指导教师""广东省德育课题研究先进个人""汕头市课改先进工作者"等多达 33 项荣誉。

陈海专为人正直，面对当地"名师工程"及"学科带头人"评选项目入围造假、大班制伪造小班制、某校教师虚报工作量骗取特级教师及副高职称称号、教育局某领导伪造学历等众多造假行为，她勇于向有关部门举报，上述举报内容经相关部门查明核实后，得到了纠正处理。陈海专的举报行为维护了当地教育系统的育人环境，属于行使《宪法》赋予公民的检举权利，但其个人却遭到了一系列的打击报复和威胁恐吓。在陈海专举报期间，其本人和孩子不断受到不明身份人员的恐吓和威胁，其身心健康及工作、生活都受到了十分严重的影响。

陈海专举报的一些内容得到了相关机关的处理，但是也有些举报，相关部门及责任人员不仅不予立案调查处理，还相互包庇，企图敷衍了事。

200

陈海专对相关领导人员和责任人员不作为的态度十分不满。因此，在2012年至2015年期间，陈海专多次给相关领导、责任人员拨打电话、发送短信，希望他们能够改过自新，正视并纠正已经犯下的错误。

万万没想到，陈海专却因这一正义之举引来了无端的刑事追诉。

❂ 案件

2016年9月，陈海专因涉嫌寻衅滋事罪被刑事拘留，同年10月被逮捕，2017年1月被取保候审。

公诉机关指控，陈海专因未能参与汕头市龙湖区"名师工程"及"学科带头人"评选而心存不满，从2012年3月开始，他多次上访投诉汕头市龙湖区教育局销毁其参评材料，致其无法参加评选。2013年7月31日，中共汕头市龙湖区纪委检查委员会经过调查，对教育局人事股股长袁谋敏作出给予党内警告处分决定；陈海专反映的其他问题缺乏实据。陈海专对调查结论不满，仍多次上访。从2012年初至2015年9月，陈海专为发泄情绪，利用信息网络，先后多次采用拨打骚扰电话，发送含有辱骂、恐吓内容的短信息给被害人或转发给他人的方式，辱骂恐吓被害人袁某鹰及其家人，被害人黄某固及家人，被害人孙某文、吴某新、马某军等人，严重影响他人的工作、生活。

检察院认为，被告人陈海专为发泄情绪，无事生非，辱骂他人，情节恶劣，其行为已触犯《刑法》第293条第1款第（2）项的规定，犯罪事实清楚，证据确实充分，应当以寻衅滋事罪追究其刑事责任。

2017年12月15日，广东法制盛邦律师事务所接受陈海专的委托，依法指派黄柏瑞律师、实习生邱泽佳担任陈海专的辩护人。在与当事人充分沟通后，辩护人确认本案系陈海专的实名举报行为损害部分官员的利益而遭受打击报复，并确立了无罪辩护的思路。

辩护律师克服重重困难，向法院申请调取数年来陈海专遭受一系列恐吓报复的报警记录、举报造假事项查证属实的相关材料，以及向法院提交证人出庭作证的申请，并致函中共广东省纪委驻省教育厅纪检组，请求出具陈海专实名举报并经广东省教育厅查证属实依法予以纠正、处理的情况说明。

2018 年 4 月 10 日，广东省纪委驻省教育厅纪检组发布情况说明，肯定陈海专举报事项部分属实，并向广东省汕头市濠江区人民法院建议从轻处理陈海专案。

2019 年 3 月 29 日，广东省汕头市濠江区人民法院一审判决陈海专无罪，宣判后，汕头市濠江区人民检察院提出抗诉。

辩护律师坚持无罪辩护意见，理由如下。

一、抗诉书将黄某固及家人、孙某文、吴某新、马某军认定为被害人袁某鹰之外的其他社会人员，从而得出陈海专针对的对象不是特定人员的结论显然属认定事实错误

（一）关于黄某固及家人、孙某文、吴某新、马某军是否属于不特定人的分析

1. 抗诉书与公诉机关一审时的起诉书自相矛盾，一审公诉机关将上述人员均列为被害人；而抗诉书则将袁某鹰列为受害人，把黄某固及其家人、孙某文、吴某新、马某军作为其他社会人员。而且，抗诉书本身也自相矛盾：其前文把上述人员作为被害人袁某鹰之外的其他社会人员，在后文中又把上述人员均作为本案的受害人。这种内容不一致的起诉和抗诉意见前后矛盾，不知所云。抗诉书之所以在前文把上述人员列为被害人袁某鹰之外的其他社会人员，只是人为地、主观地要得出陈海专针对的对象是不特定的一类人，进而追究陈海专寻衅滋事罪的刑事责任。

2. 抗诉书中将黄某固及其家人作为不特定的其他人员，违背刑事诉讼

程序。本案不管是一审还是二审，公诉机关均未提交黄某固及其家人作为受害者或不特定人员的事实和证据，并没有黄某固及其家人的陈述。二审时公诉机关却将黄某固及其家人作为本案被害人或不特定人员，这严重违背了刑事诉讼法关于证据必须经庭审质证才能作为定案依据的规定，甚至本案根本就没有提供相应的证据。现二审抗诉机关直接将黄某固及其家人列为被害人或社会不特定人员，严重违反刑事诉讼程序。

3. 上述人员都是对陈海专举报事项负有特定职责的特定人员，他们对陈海专举报事项负有立案调查、纠正错误的特定职责。而此案的源头是被告人陈海专多次向有关领导和部门举报如下造假事实：

（1）龙湖区"名师工程"及"学科带头人"评选漏洞百出，8 名老师和校长在初选入围造假。龙湖区教育局及区委区政府原本确定是 15 人入围，后经陈海专向汕头市政府相关领导反映，汕头市政府责成汕头市教育局在最终评选中予以监督，最终通过评选的为 7 人。

（2）在 2012—2013 年教育创强工作中大班制伪造小班制，把中心城区 8 所小学共 1000 多名小学生的学籍和财政拨款违规划拨至袁某鹰家乡下蓬镇的 8 所农村小学，陈海专要求马某军、黄某固、孙某文、袁某鹰纠正错误，均遭拒绝。后该评选活动被广东省纪委驻教育厅纪检组查实并整改。

（3）袁某鹰包庇其小姨袁某玲虚报工作量，伪造公开课，骗取省特级教师称号及副高职称，非法获取省政府的特殊津贴及高工资。陈海专就该造假行为先后向孙某文、吴某新、黄某固、马某军举报，他们都拒绝接受举报，直至 2015 年 10 月上述几人在被逼无奈的情况下仅仅作出了"尚未发现袁某玲造假的答复"的结论。陈海专不服，又向广东省教育厅纪检组实名举报，经查证陈海专举报内容属实，上级主管部门取消了袁某玲相关待遇及称号，追回多领取的工资及津贴。

（4）袁某鹰伪造汕头大学大专学历和广东省社科院在职研究生学历。该举报也未得到立案调查，直至 2018 年年底，汕头市新任纪委书记吴刚才对陈海专的举报进行查证，对袁某鹰作出党内严重警告处分，并责令其辞去龙湖区政协副主席一职。

（5）袁某鹰、袁某敏毁故意销毁陈海专参与评选学科带头人的材料。马某军和吴某新是负责办理此案的人。但最后却把故意销毁材料的行为定性为管理混乱，大意丢失。仅对袁某敏作出党内警告处分。

综上，陈海专多次向孙某文、吴某新、黄某固、马某军等人实名举报上述行为，并且均未得到他们的重视和处理。后经有关上级部门查证属实，上述行为均得到了纠正及处理。可见，上述人员都是对陈海专举报事项负有特定职责，是特定人员。事实证明，陈海专所举报的相关造假事项及内容完全是属实的，相关领导人员及责任人员本身就应对举报事项负特定责任，应予以立案调查并纠正。但事实证明，上述特定人员在其职责范围内不作为或胡乱作为，对举报事实要么不了了之，要么包庇纵容。公诉机关在抗诉书中认为孙某文、吴某新、马某军不是涉案的特定人员的观点明显站不住脚。

（二）关于寻衅滋事罪侵害对象是否必须为特定对象

1. 公诉机关在抗诉书第一点中特别强调孙某文、吴某新、马某军属于不特定的一类人。言下之意，即寻衅滋事罪的侵犯对象是必须是不特定的人，但是，公诉机关在随后的抗诉意见中又认为，侵犯特定对象也能构成寻衅滋事罪。这显然相互矛盾。

2. 公诉机关在抗诉书中声称，行为人只要实施了《刑法》第293条规定的寻衅滋事的行为，无论其是针对特定人，还是针对不特定人，均构成寻衅滋事罪。公诉机关得出该结论的依据是最高人民法院刑事审判第三庭编写的《〈关于办理利用信息网络实施诽谤等刑事案件适用法律若干问题的解释〉的理解与适用》。该文章认为："如果利用信息网络辱骂特定的个人，则可能存在寻衅滋事罪与侮辱罪的竞合。如果辱骂他人情节恶劣，破坏社会秩序的，应按照《解释》第9条的规定，依照处罚较重的罪即寻衅滋事罪定罪处罚"。公诉机关依据该观点，进而得出了一审法院"认为寻衅滋事罪中的辱骂、恐吓他人行为的对象必须是不特定对象，属适用法律错误"的结论。

但是，上述文章并不是法律法规，也不是司法解释，它只是刑三庭的一种理解与观点，并不具备任何的法律效力。公诉机关依据"理解与适用"中的文章观点来对抗一审法院依据《刑法》第293条及相关司法解释作出的无罪判决，才是适用法律错误。更准确地说，公诉机关是用没有法律效力的文章观点代替了法律及相关司法解释的规定。

3.即使依照该文章观点，也要求："要严格入罪标准。辱骂、恐吓行为必须达到情节恶劣的程度，同时对社会秩序造成了现实的破坏"；"要重在教育，强化管理，一般不要轻易适用本款规定按犯罪处理"。从中可看出刑三庭对行为人通过信息网络辱骂特定个人从而认定为寻衅滋事罪做法也是十分谨慎的。而公诉机关在忽视"理解与适用"的法律效力的基础上，断章取义，割裂上下文之间的联系，要求二审法院直接据此认定陈海专构成寻衅滋事罪的做法明显欠妥。

二、关于陈海专所谓的寻衅滋事行为是否达到情节恶劣、后果严重的分析

1.一审法院认定被告人陈海专辱骂恐吓的行为不是情节恶劣，也未曾造成严重后果，不构成寻衅滋事罪的犯罪构成要件。一审判决认定事实清楚，适用法律正确。

2.公诉机关认为陈海专寻衅滋事的行为情节恶劣，依据的最高人民法院、最高人民检察院《关于办理寻衅滋事刑事案件适用法律若干问题的解释》第3条第（1）项的规定，认为陈海专构成《刑法》第293条"情节恶劣"的标准。结合本案的具体情况，就是指陈海专多次辱骂、恐吓他人，造成恶劣社会影响。然而事实是否如此？

首先，陈海专多次打电话、发信息给本案所谓"被害人"袁某鹰及其家人、孙某文、吴某新、马某军确实不假。但是根据在案的证据显示，经认真查阅可发现，陈海专带有辱骂内容的信息绝大部分是针对对其进行打击报复的袁某鹰，对孙某文、吴某新、马某军等人发送的短信中，有一部分是陈海专转发其发送给袁某鹰的短信；另外一部分中，陈海专针对孙某文、吴某新、马某军的辱骂内容仅有只言片语，数量极少，绝大部分的短信都是一些就事论事及对其批评指责或者规劝、要求依法履行法定职责的内容。

其次，根据案卷证据材料可见，陈海专的手机号码早已被本案中所谓的"被害人"列入通讯录黑名单中。陈海专发送的短信或拨打的电话都会自动遭受拦截被屏蔽。被害人根本无法接收到陈海专打来的电话或发来的短信。陈海专发送的涉案短信客观上并没有给这些所谓的受害者的工作和生活造成实质性的严重影响。

最后，陈海专并没有在任何的公众网络平台发表任何信息，接收信息的人仅为袁某鹰、孙某文、吴某新、马某军这些特定人员。因此，陈海专并未破坏任何社会公共秩序，也未造成严重的社会影响。如要说造成严重的社会影响，倒是陈海专因举报属实反而遭到打击报复、威胁恐吓，直至今日被刑事追责，才造成了严重的负面的社会影响。

公诉机关仅凭陈海专打电话、发信息的数量对其进行追究，却忽略审查其中实质内容，以偏概全，片面认定陈海专寻衅滋事情节恶劣，显然与本案的客观事实及证据相违背。

3.公诉机关指控陈海专的所谓的寻衅滋事行为并没有给本案所谓"被害人"造成严重后果。

首先，公诉机关对"其他社会人员"的概念界定不清。在本案中，一方面公诉机关把袁某鹰作为被害人，把孙某文、吴某新、马某军认定为除被侵害人之外的不特定的"其他社会人员"，前文已提及，这些人就是本案中的特定人员，此处不再赘述。

而公诉机关在论述造成严重后果观点时，又将孙某文、吴某新、马某军作为受害人，称陈海专将信息传播给"其他社会人员"。那么这里的"其他社会人员"又是指哪些人员？本案并没有事实和证据证明公诉机关的上述观点。显然公诉机关在这条的论述上概念混淆，含糊不清。从其论述中无法得知信息扩散到哪些社会人员，造成了什么恶劣的社会影响。

其次，如前所述，根据证据显示，陈海专无论是打电话还是发短信给本案的"受害人"，其手机号码早已被"被害人"拉入通讯录黑名单。陈海专发送的信息都被自动拦截、屏蔽。根本没有对"被害人"的生活、工作造成严重的影响，这是客观的事实。值得注意的是这些信息是在被屏蔽、拦截一两年后才被人为地从"垃圾邮件"提取出来的，这足以说明在此期间"被害人"根本没有看过陈海专发送的短信。既然如此，又何来给上述特定人员的工作、生活造成严重的影响？

最后，陈海专的行为到底给本案的"被害人"带来了什么样的严重后果，在本案中没有任何证据支撑。对此事实，在一审法院的庭审中，除了被害人的陈述，没有任何证据证明他们的生活、工作受到了严重影响，其身心健康遭到了严重损害。这一点，一审法院根据事实和法律作出了正确的认定。而且根据本案的实际情况，除了袁某鹰因为造假查证属实，被上级有关部门依法依规处理外，其他所谓"被害人"在工作中均获得了不同程度的提拔。倒是被告人陈海专的身心健康和精神状况遭到了极大的损害。这一点有相关的证据记录在案。

三、本案所谓的若干"被害人"是否存在过错

在抗诉书中，公诉机关有意无意地忽略了这一影响陈海专是否构成犯罪的重要事实。

根据最高人民法院、最高人民检察院《关于办理寻衅滋事刑事案件适用法律若干问题的解释》第1条第2款之规定："行为人因日常生活中的

偶发矛盾纠纷，借故生非，实施《刑法》第293条规定的行为的，应当认定为'寻衅滋事'，但矛盾系由被害人故意引发或者被害人对矛盾激化负有主要责任的除外。"根据本案的事实和证据，上述所谓被害人在本案中对矛盾的激化是负有主要责任的。

1. 陈海专就龙湖区教育系统多次弄虚作假情况，向有关部门及领导多次实名举报，结果负责人员要么不予调查，要么不了了之。

2. 陈海专在实名举报的过程中遭受了一系列的打击报复：

（1）陈海专在向汕头市市长反映龙湖区名师工程问题后一个月，即2011年11月，袁某鹰、袁某敏毁弃其参评"学科带头人"的材料。

（2）2012年11月，陈海专在副高职称申报过程中经学校公示，学校审核，龙湖区教育局人事股、监察股均已审核通过，但在教育局最后评选中，袁某鹰仅凭一份未经证实的匿名的家长投诉信就否决了其评选资格。而将多次造假的与其有亲属关系的袁某玲予以推荐通过。

（3）2014年11月24日，区教育局派谢某带队到金涛小学兴师动众地调查陈海专"吃空饷"一事，后经证明"吃空饷"纯属子虚乌有。

（4）2015年10月，陈海专向黄某固实名举报袁某鹰包庇袁某玲造假之后，区教育局派员到金涛小学查陈海专体罚学生一事，事实证明陈海专并无体罚学生的行为。

（5）2016年8月，在陈海专向省纪委举报袁某玲造假参评特级教师和副高职称，并被查实后，陈海专被撤掉政教处副主任职位，从城区的金涛小学被调去乡下的永安小学。

3. 陈海专在实名举报过程中遭受到了一系列的威胁恐吓：

（1）2014年10月至12月，陈海专经常在晚上11点后接到未显示号码来电，要求其不能举报大班制，否则后果严重，叫其"小心一点"。陈海专多次拨打110报警。

（2）2015年5月至11月，陈海专向孙某文、谢某、黄某固实名举报袁某鹰包庇袁某玲造假。2015年12月至2016年2月，下蓬口音中年男子用手机打电话恐吓要让其女儿"瘸脚折手"，并发了十多条短信侮辱陈海专已去世的丈夫。陈海专向珠池派出所报警后，此事便不了了之。

（3）2017年6月，陈海专向龙湖区检察院、汕头纪委、龙湖纪委实名举报袁某鹰伪造学历档案。8月份的一天晚上，其汽车后窗玻璃被敲碎；2017年10月1日晚，其汽车被人为扎进去两颗铁钉。陈海专报警后已立案，后此事又无果。

上述陈海专被威胁恐吓报警的内容，我们多次要求侦查机关、检察机关提供这方面的证据，无果。直至一审开庭前，在上级部门的指示下，公安机关才提供了陈海专的报警记录。而证据显示陈海专的报警记录多达几十条。

在遭受上述一系列的打击报复及威胁恐吓后，陈海专身心健康遭受了极大的影响，导致其患上一系列的身体疾病及精神疾病。这些均能从广州中医药大学附属医院的诊断证明以及汕头大学附属第一医院的诊断证明中得到证实，公安机关的司法鉴定意见也对此予以认定。据此，陈海专作为一名弱女子，在遭受打击报复及威胁恐吓后骂了袁某鹰并把相关消息转发给相关上级部门及领导，请求他们予以纠正和处理。很显然，上述所谓被害人在陈海专举报过程中（举报内容后经查证属实），不予立案调查，不予纠正错误，反而对陈海专打击报复、威胁恐吓，在本案中存在着严重过错，是本案矛盾升级的主要推手，负有主要责任。

综上所述，根据本案的事实和证据，不难得出如下结论：公诉机关仅仅根据陈海专打电话、发信息这一情节就武断地认为其构成了寻衅滋事罪。而对于构成寻衅滋事罪的犯罪侵犯对象是否特定、情节是否恶劣、后果是否严重、被害人是否有过错等一系构成要件视而不见，有失偏颇。

公诉机关的抗诉意见以偏概全，以点带面，属于主观臆断。其意见与事实不符，于法无据，适用法律错误。在被告人陈海专实名举报龙湖区教育系统一系列造假并经查证属实及予以纠正处理的情况下，上述相关"被害人"先是不作为，不予调查，不予立案，官官相护；后又胡乱作为，包庇纵容，进而对被告人陈海专实行打击报复、威胁恐吓。陈海专实名举报弄虚作假、维护教育系统风清正气的育人环境的行为，不但不应遭到司法追究，还应得到大力的宣传与褒扬。

2019 年 11 月 4 日，广东省汕头市中院作出二审裁定，驳回抗诉，维持原审无罪判决。

法院认为，原审被告人陈海专因对相关部门处理其举报事项的答复不满意而在较长的时间内不分时段多次拨打电话、发送含有辱骂、恐吓内容的短信息给被害人等人，对被害人的工作和生活造成了一定的影响，但根据本案证据，尚不足以认定其行为严重影响被害人的工作和生活。抗诉机关提出陈海专多次辱骂、恐吓他人，严重影响他人的工作和生活的证据不足；提出陈海专多次辱骂、恐吓他人，造成恶劣的社会影响的依据不充分；提出陈海专的行为属于侮辱罪与寻衅滋事罪的竞合，应当以寻衅滋事罪追究陈海专刑事责任的意见，法律依据不充分。抗诉机关的抗诉理由不能成立。经本院审判委员会讨论决定，驳回抗诉，维持原判。

本案历时 3 年，最终画上了圆满的句号。

① 律师手记

为清白奔走

黄柏瑞

陈海专是一名十分优秀的小学语文教师。她在汕头市龙湖区金涛小学任职期间，曾获得过"南粤优秀教师""汕头市课程改革先进工作者""广东省三八红旗手""南粤巾帼十杰提名奖""广东省十佳阅读指导教师""广东省德育课题研究先进个人"等三十多项的荣誉奖项。她爱岗奉献，深受学生的爱戴和尊敬，也深得学生家长的认可。她不仅在教学能力上十分出众，对社会上的不公现象更是疾恶如仇，敢于挺身而出进行斗争。面对当地"名师工程"及"学科带头人"项目评选造假、大班制伪造小班制、某校教师虚报工作量骗取特级教师及副高职称称号、教育局某领导伪造学历等众多造假行为，她勇于向有关部门进行举报（这些举报事项在事后均查证属实并得以纠正）。可以说，有这么一名优秀、正直的人民教师，乃是学生之幸，是社会之幸，是国家之幸。

然而，在这一系列正义之举背后，相关负责部门及责任人员对陈老师的举报不仅不予立案调查处理，敷衍了事，甚至相互包庇。陈老师对相关领导人员和责任人员不作为的态度十分不满。因此，她在2012年至2015年期间，多次通过拨打电话、发送的短信的方式对相关领导、责任人员进行训斥、责骂。希望他们能够改过自新，正视并纠正已经犯下的错误。

同时，陈老师正义的行为亦带来了疯狂的报复。在此期间，陈老师及其女儿不断受到不明身份人员的恐吓、威胁，身心健康及工作、学习、生活都受到了十分严重的影响。原本应当承担法律责任的相关人员甚至反诬陈老师的行为严重影响了他们的工作和生活。2016年9月12日，该市公安局龙湖分局以涉嫌犯寻衅滋事罪为由对其采取刑事拘留措施。本应获得荣誉和鲜花的陈老师，却不得不承受着各种不公。

2017年12月15日，广东法制盛邦律师事务所黄柏瑞律师团队正式接受了陈老师的委托，为其涉嫌寻衅滋事罪一案提供辩护。黄律师团队在仔细分析本案材料并多次与当事人沟通后，认为本案是因陈海专实名举报，损害了部分官员的利益而遭受的打击报复，并确立了为陈老师作无罪辩护的思路。黄律师认为：陈老师打电话、发短信的对象属特定对象，不符合寻衅滋事罪的构成要件；陈老师发送短信的行为并未破坏社会秩序，未造成实质性的严重后果；陈老师并未损害被害人的工作和生活。公诉机关和被害人亦没有提供相应证据佐证该事实；本案被害人在被陈老师举报后，对陈老师进行了一系列打击报复，明显有过错在先；陈老师并不具备犯寻衅滋事罪的主观故意。

在确立了以上无罪辩护思路后，黄律师团队马不停蹄，克服了重重困难和阻力，向法院提交了一系列的证据调查申请书：申请调取数年来陈老师遭受一系列恐吓报复的报警记录、举报造假事项查证属实的相关材料。辩护人还向法院提交了一系列证人出庭作证的申请；并致函中共广东省纪委驻省教育厅纪检组，请求出具陈海专实名举报并经广东省教育厅查证属实依法予以纠正、处理的情况说明。中共广东省纪委驻省教育厅纪检组为彰显正义，实事求是地迅速出具《关于陈海专实名举报情况说明》的函给濠江区人民法院，让办案法官洞察真相。相关部门及所有正义之士都在为证明陈老师的清白而奔走，为争取陈老师的无罪判决而努力！

在一审开庭审理过程中，黄柏瑞律师针对本案罪与非罪的关键焦点，结合案件的客观事实和证据，娴熟运用法律，与公诉人展开激烈充分的辩论。黄柏瑞律师的无罪辩护意见获得了一审法院的采纳。经一审法院审判委员会讨论决定，陈老师被判决无罪。检察院对此不服提出抗诉。黄柏瑞律师继续担任陈老师的二审辩护人。在二审的开庭审理中黄柏瑞律师与抗诉人又展开了新一轮的激烈辩论。二审法院同样采纳了黄柏瑞律师的辩护意见。经二审法院审判委员会讨论决定，于2019年1月4日作出二审裁定，驳回抗诉，维持原审对陈老师的无罪判决。

正义可能会迟到，但是永远不会缺席！陈老师对黄柏瑞律师深厚的法律功底及显著辩护效果给予了高度认可和衷心感谢。本案不仅为陈老师正名，助其获得清白和自由之身，更是为维护当地教育系统风清正气的育人环境作出了积极的贡献，在当地产生了极为强烈的反响，维护了法律的公平和正义。

评析

寻衅滋事不是重罪，量刑不高，但并不代表此类案件的犯罪嫌疑人、被告人的权益不重大。相反，在司法实践中，由于寻衅滋事的认定标准不清晰，入罪门槛低，给司法机关留下了相对较大的自由裁量空间，被称为"口袋罪"，因而广受诟病，甚至常有同行呼吁取消寻衅滋事罪。

取消寻衅滋事罪也许并非良药，"机械司法"才是问题的根源。取消寻衅滋事罪就解决问题了吗？恐怕没这么简单，如果仅把着眼点放在罪名本身，可能会陷入治标不治本的困境，或者说只能解决一部分问题。

之所以会出现所谓的"口袋罪"，根源在于司法机关在办案过程中普遍存在"机械司法"的现象。司法官员适用法律时，不对法律规定进行实质解读，仅机械地适用法律文本，很多罪名都可能成为"口袋罪"。

本案是司法机关走出"机械司法"误区的范本。陈海专向其举报对象发送了包含辱骂言辞的短信，被检察机关解读为《最高人民法院、最高人民检察院关于办理寻衅滋事刑事案件适用法律若干问题的解释》第3条第（1）项的"多次追逐、拦截、辱骂、恐吓他人"，以及《〈关于办理利用信息网络实施诽谤等刑事案件适用法律若干问题的解释〉的"理解与适用"》文章中提出的"利用信息网络辱骂特定的个人"。若按检察机关的解读，骂人即可构成犯罪。这正是"机械司法"的典型表现。

对此，二审法院进行驳斥，认为陈海专虽多次辱骂、恐吓他人，但其行为是否造成恶劣社会影响才是定罪关键。二审法院还论证道，刑法规定的寻衅滋事罪旨在保护公共秩序或社会秩序，而陈海专发信息的行为"具有私密性"，缺乏"公然性"，不构成寻衅滋事罪。二审法院同时还认为，"公诉机关在忽视'理解与适用'的法律效力的基础上，断章取义，割裂上下文之联系，要求二审法院直接据此认定陈海专构成寻衅滋事罪的做法明显欠妥"。法院对检察机关的评判，可谓司法机关拒绝机械司法、敢于解释法律的典范。

律师调取证据是突破案件的关键。寻衅滋事是典型的"行为＋情节"的条文结构，当行为人实施了符合罪状描述的行为，比如该案中的辱骂行为，律师做情节辩护时，就存在相当的难度。为此，陈海专案的辩护律师申请调取到陈海专遭受恐吓报复的报警记录、举报造假事项查证属实的材料等证据。尤其值得注意的是，律师致函中共广东省纪委驻省教育厅纪检组，获得纪检组出具《关于陈海专实名举报情况说明》的函给濠江区人民法院，证实陈海专举报的真实性，是促成无罪裁判的重要因素。从该案可以看出，虽然控辩的主要"战场"在法庭，却体现出了司法、教育系统内正义与不义两股力量的较量，可以说律师主动调取证据，是案件成功辩护的关键。